ཞང་ཏོད་

唐蕃古道

白渔 著

青海人民出版社

图书在版编目（CIP）数据

唐蕃古道 / 白渔著 . -- 西宁 : 青海人民出版社，2018.9

ISBN 978-7-225-05505-3

Ⅰ . ①唐… Ⅱ . ①白… Ⅲ . ①游记—作品集—中国—当代 Ⅳ . ① I267.4

中国版本图书馆 CIP 数据核字 (2018) 第 217732 号

唐蕃古道

白 渔 著

出 版 人 樊原成

出版发行 青海人民出版社有限责任公司

西宁市五四西路 71 号 邮政编码：810023 电话：（0971）6143426（总编室）

发行热线 （0971）6143516 / 6137730

网 址 http://www.qhrmcbs.com

印 刷 陕西龙山海天艺术印务有限公司

经 销 新华书店

开 本 890mm × 1240 mm 1/32

印 张 7.25

字 数 180 千

版 次 2019 年 1 月第 2 版 2019 年 1 月第 1 次印刷

书 号 ISBN 978-7-225-05505-3

定 价 38.00 元

目　录

第一章　古帝王州唐风拾遗
古道的起点　002
唐朝与吐蕃　004
六道难题考婚使　006
大唐帝国的遗风　009
马嵬遗恨　013
法门寺　014
关中风情拾遗　018
古秦陇“咽喉”大震关　021

第二章　渭洮河谷佛像长廊
“东方雕塑馆”的神韵　027
在大像山上　030
水帘洞、拉梢寺　032
武山夜光杯　036

渭水之源拱彩桥 037
临洮古韵 038
河州三美 044
一路佳话走进炳灵寺 050
筏子客魂挑浪尖上 054
保安腰刀闪光 056

第三章　河湟异彩

钻进牛皮渡黄河 060
远古悲剧 063
龙支城佳话 066
马厂文化寻根 068
柳湾，一个彩陶王国 072
深山故宫——瞿昙寺 080
河湟“花儿”会 088

第四章　古风中崛起的城

小小白马寺有看头 094
众神跳舞保平安 097
彩虹之夜——土族婚礼 100
西宁一瞥 106

闪佛神祠土楼山 109
佛香世界塔尔寺 113

第五章 日月山外天高湖阔

沃血石堡城 120
日月山悲、倒淌河泪 123
如梦似幻青海湖 126
吐谷浑东都伏俟城 130
寄情山水话祭海 134
鸟岛 137
大非川悲剧 139

第六章 黄河源头的“世外净土”

暖泉驿轶事 144
灵魂从“天葬台”升起 146
黄河源第一座桥 151
感受姊妹湖 155
黄河——孔雀河 161
生生不息的河源人 164

第七章　通天长河玉树临风

直门达渡口 170

勒巴沟，美丽的沟 173

文成公主庙 177

草原歌舞节 180

隆宝滩净界 185

世界第一大嘛呢堆 188

第八章　藏北高原牧歌长夜

康藏路上琐记 192

朝拜与祈祷 194

雪域牧歌 199

那曲拾遗 203

青藏公路暨亲缘道班 206

第九章　文成公主的安身地

羊八井热气田 210

拉萨掠影 213

布达拉宫览胜 215

大昭寺昭示良多 218

罗布林卡，游兴与缅怀 222

第一章 古帝王州唐风拾遗

陛下平定四方。日月所照。并臣治之。高丽恃远。弗率于礼。天子自将度辽。隳城陷阵。指日凯旋。虽雁飞于天。无是之速。夫鹅犹雁也。臣谨冶黄金为鹅以献

■大唐遗风

古道的起点

辉煌过的陕西关中平原，曾用宽厚的胸腹，托起过周、西汉、新莽、玄汉、东汉、晋、汉赵、前秦、后秦、西燕、北魏、北周、隋、唐等14个中国古代王朝的都城和帝宫，历时1100多年。而常常让人们津津乐道的则是中国历史最为璀璨的大唐帝国的京都长安。

可惜，历史竟像流水一样一去不复返，使后世的人们无法目睹鼎盛时期的皇城风貌。今天，为了追寻唐蕃古道的足迹，我们来到了曾是昔日皇都的西安。在西安浏览，感受最深的是古风独存，尤其是大唐厚重的遗风。唐建筑、唐遗址、唐陵墓、唐文物、唐乐舞……地上地下，无所不在。

在1300多年前，远嫁吐蕃的文成公主和后来的金城公主，都是从这里出发，西行过咸阳桥后，便一直沿着渭河北岸先到马嵬驿、武功驿，再穿过宽广的周原沃土和春秋时秦国的古都凤翔。而后，进入陕甘交界的陇山，跨出了大震关，便凄然地离开了生养她们的关中八百里帝王州，而且西去6000里，再也没有回头……

千年的光阴逝去，古人音容不再显现，但西出长安的古道遗风，仍然拂掠着今天的关中大地……

现时，不论中外，凡略知中国历史又热衷旅游的人大都知道，西安和中亚、西亚、南欧之间，在汉代曾开辟了一条颇有名气的国际交流坦途——“丝绸之路”。其实，在后来的唐代,还开拓了一条唐都长安通向“世界屋脊”的“唐蕃古道”，只不过，熟悉唐蕃古道的人并不多。文成公主应当是中原人踏勘唐蕃古道的首例。从此沿着大致相同的路线，驿站连绵，驿马倥偬，使臣、商贾、僧侣来往不绝。使这条古道不仅成了当时汉藏交通的“热线”,而且还与泥婆罗道相连，进而贯通了中国与印度、尼泊尔等南亚诸国的联系。

■唐代仕女图

唐朝与吐蕃

那是公元7世纪初的事情。隋亡以后，又经过了数年争战，李渊父子终于在长安（现在的西安城）建立了中国历史上空前的大唐帝国。当儿子李世民在玄武门诛杀了哥哥——太子李建成坐上皇位后，便开始了平定边疆的大业，先着手解决西部问题。只是唐王多次派兵西征，有胜有败，终究未能彻底奏效。特别是吐谷浑国和吐蕃王国与唐帝国对峙是李氏父子最棘手的大事，形成剿不能灭、和又多变的胶着状态。

走近玄武门遗址，询问关于公元626年六月初四那个血腥的日子，当地人都摇头表示说不清楚。徘徊许久，找不到任何遗迹，连传说也听不到一个。归途中和一位研究唐史的朋友谈起此事——该如何看待那次“抢班夺权”呢？

本来，治理天下，应该是有德才之人居之。建成无能，立为太子，就是李渊的失策。李世民打天下而不能坐天下，早就使文臣武将忿忿于心。尖锐的矛盾就在太子要除掉秦王的阴谋中爆发。李世民先发制人，历史机运立即倒在他的这一边——而他也用后来的政绩证明了自己才是最配当皇帝的人。历史选定了他，也肯定了他。否则哪有文成公主和亲、哪有唐蕃古道、哪有后来的鼎盛王朝呢？

■唐太宗李世民画像

这时候，英明的吐蕃赞普松赞干布（公元

617 ~ 650 年）建立了一个统一的吐蕃王朝。唐贞观三年（629 年），他才十三岁，就挑起吐蕃赞普的重任，征集了万余人，组成一支精锐之师，经过三年征战，平定了内乱，完成了对青藏高原诸多小国的兼并，成为一位最受吐蕃臣民拥戴的国王。公元 632 年率众部渡过雅鲁藏布江，把国都从当泽迁到逻些（今拉萨），无论从自然、地理、气候、军事、政治诸方面衡量，都为后人选定了一个发展基业的好地方。松赞干布是个精明能干的人，深知新朝初建，需要稳定图强，和睦邻邦。首先与西边邻国泥婆罗国（今尼泊尔）通好，他可谓富有政治远见，就连自己的婚姻，也充满“国家意识”。639 年，他一方面迎娶泥婆罗国王鸯输伐摩之女尺尊公主入藏，解除了后顾之忧；另一方面又向东结交盛唐。贞观八年（634 年），他派使者赴长安与唐朝通聘结好。唐太宗对吐蕃的首次通使也很重视，给予了隆重接待，并遣使到吐蕃回访。据《册府元龟》载，当松赞干布闻讯突厥与吐谷浑国王向唐王求亲唐朝公主时，也不甘落后，乃遣使赴长安请婚，几次都未得唐太宗允许。血气方刚的松赞干布，便以武力逼婚，于是，贞观十二年（638 年）爆发了唐蕃首次战争。“抢亲”未得效果，松赞干布一心要当大唐女婿，又派大相噶尔·东赞（又作禄东赞）于 640 年携带厚礼——黄金五千两，宝物珍玩数百件，到长安再次向唐太宗请婚，几经周折才得到了唐太宗应允，以宗室女文成公主许嫁。

于是，在后来藏族民间文艺作品中，便有了许多关于禄东赞出使长安的传说。写的是禄东赞如何用超人的智慧，勘破了唐太宗设在求婚过程中的一道道“难题”（后人叫六难婚使），终于为松赞干布娶回了美丽的文成公主的故事。成了当时天竺、大食、霍尔等国众多求婚使中的胜利者。

六道难题考婚使

一难婚使 将绫缎穿过九曲明珠。其他婚使绞尽脑汁、用尽办法也没把绫缎穿过曲孔。唯禄东赞坐在皇苑树下想主意，忽见一大蚂蚁爬行，他得到了启示。他将一根丝线一头系在蚂蚁腰上，另一头缝在绫缎上，并在九曲明珠孔眼的端口抹一点蜂蜜，把蚂蚁放到曲孔另一端。蚂蚁闻到蜜香，带着丝线，顺着弯曲的小孔，缓缓地爬到蜜孔前，绫缎也随其穿过九曲明珠。

二难婚使 辨认100匹母马和100只马驹的母子关系。各国婚使的辨认方法，不是按毛色区分，就是照老幼搭配，抑或是以高矮相比……都以闹出笑话而失败。而禄东赞的办法是把母马和马驹分圈关着，一天里，只给马驹投料，不给喝水。次日，当100只马驹放回母马群中，它们口渴难忍，都纷纷扑向母亲吃奶，这样就轻易地辨认出它们的母子关系了。

■步辇图

三难婚使　规定百名求婚使者，一日内要喝完100坛酒，吃完100只羊，还要把羊皮揉好。比赛开始，别的使者和随从匆忙宰羊、煮肉，接着大口吃肉，大碗喝酒。肉未吃完，人已大醉，更顾不上揉皮子。禄东赞则让随从小块吃肉，慢慢咂酒，一面揉羊皮，边吃边喝边消化，不到一天工夫，吐蕃的使臣们就把肉吃完，酒喝干，皮子揉好。看来唐太宗在考各国的饮食文化，唯禄东赞考试及格。至今藏族人吃“手抓肉”仍是用刀子小块地削,一口一口地慢慢细嚼，令人感到饮食文明的传承。

四难婚使　唐太宗令婚使将100段粗细一样的木头，分辨出根和梢。其余使臣都交了白卷，唯禄东赞令人将木头全部投入御河，木头根部略重沉入水中，而树梢那边较轻，自然浮在水面，木头根梢显而易见。

五难婚使　夜晚出入宫门不迷路。一天夜里,宫中突然擂响大鼓，皇帝传召各路婚使赴宫中商量事情。机敏的禄东赞意识到这也是一场突击考试，便在关键路段做了“卐”字记号。果然进了宫后，皇帝立即叫他们原路返回，不得走错，只有禄东赞取得了胜利。

六难婚使　辨认公主。300名宫女衣着一样，相貌相似，分左右两侧排列站立。唐太宗亲自主试，令使臣们从中认出文成公主。使臣们被宫女们的美丽、轻盈、如仙姿态迷得眼花缭乱。唯有禄东赞指定左列中第六位就是文成公主。原来，细心的禄东赞早从公主的奶娘处得知公主的容貌、肤色、品性，甚至颈边有一颗痣也了解得清清楚楚，自然一认就准。

婚试完毕，唐太宗龙颜大悦，他从禄东赞这位吐蕃宰相的六次表现中，已认识到了松赞干布的水平，也看到了吐蕃的文化、经济、军事、政治面貌。于是决定将文成公主许配给松赞干布。禄东赞完成了迎亲使命，成为传颂千年的藏汉联姻佳话。唐太宗也很欣赏禄东赞的才干、学识，封他为“右卫大将军”，并愿以琅琊公主的外孙女段氏许配之，挽留他在长安任职，而禄东赞婉言谢绝了唐太宗的好意。

唐太宗李世民招25岁的松赞干布为驸马爷，于贞观十五年（公元641年）派江夏王礼部尚书李道宗护送16岁的文成公主入吐蕃。唐蕃成了翁婿亲家，从此200多年间，很少有战事。两国使臣和商人来往不断，终于在长安与逻些（今拉萨）之间，踏出了一条长3000多公里的“黄金路”——唐蕃古道。

在文成公主远嫁西藏1300多年之后，我们一行人来到“唐蕃古道”的起点，曾是唐帝国都城的西安。

面对西安古城墙，竟是想不到的高大、完整、敦实，它厚重得竟像一部巨大的历史长卷，横陈在老城区与新市区之间。尤其那东、南、西、北的城门，既有巍峨的门楼，又有高深的门洞。现代的人和车，从四面数十个古老的城门洞中进来了又出去，日夜川流不息。

我本来以为，这就是唐代长安城的城垣，等到看了竖在城墙脚下的一块石碑，才知道此是明代的墙。虽说是明代的产物，却又实实在在是依着唐代皇城的根基重筑的。20世纪90年代又翻修一新，就是这些修葺方法和现代材料，大大降低了城墙的古文化价值，未能保住旧貌，以致未被联合国列入世界文化遗产，不能不说是一种遗憾！

千年的光阴掠过，唐都长安的遗风仍有气息。

离开北城墙向北走一公里多，便到了一座东西走向的土塬下。

土塬的东端显得特别高耸，虽然秃秃的，既没有苍松翠柏，也没有亭台楼阁，但它给人的印象却不凡。我的感觉没有错，这片叫“龙首原”的高地，便是唐代大明宫的所在地。最初建这一处居高临下的宫殿，是李世民为了让老父李渊夏天“清暑”居住的，只是没等宫殿完工，太上皇李渊便去世了。后来，大明宫的规模越来越大，竟成了皇帝居住和处理朝政的地方。

我们紧紧地追随夕阳的斜晖，快步登上大明宫的前殿——含元殿的台基。这简直就是一座小山，耸立在西安城之上。向南俯视，城里城外的万间瓦舍高楼，还有那西沉的红日，都低低地伏在我们的脚下——真是一块高爽豁亮的风水宝地。如今它成了老人晨练、居民散步、孩子们放风筝的场所。真有“煌煌历史已过去，留待后人托笑声”之慨。

大唐帝国的遗风

西安城南偏东的郊区，有一座当初唐太宗为西天取经归来的唐僧所建的大雁塔。在塔的东侧，如今新建了一座“唐代艺术博物馆”，全是仿唐代的古建筑。六个展厅，分别以《唐京长安》《国风民俗》《诗书交辉》《雕工画意》《长安艺坊》为主题，淋漓尽致地展示出长安古貌，而“艺林说萃”厅是专为中外文化交流而设的，经常举办学术讲座和临时性的艺术展览。

在华丽高贵的第二展厅里，摆满了唐代舞乐、家具、

■唐代仕女陶俑

■唐三彩

生活器具、丝绸制品和时俗雕像，令人眼花缭乱。这些都是唐代各个生活领域的艺术再现。

在众多的唐代出土文物中，人们往往先想到唐三彩。这种盛行于唐高宗至玄宗时期的陶瓷工艺品，以黄、绿、蓝为基本釉色，配以白、黑、墨绿、赤褐等色组合而成，并非只有三种色彩。仕女俑体态雍容高贵，看她们丰满文静的面貌，不由得使人想起唐代以肥胖为佳的审美观，同时也反映了当时上层人士生活的悠闲、富足之情；骑女俑生动地说明了初唐妇女崇尚骑射的时尚；骑士俑列队而来，是接受检阅还是开赴疆场呢？犹闻马鸣啸啸，英武可掬。且呈色剂丰富，由浅黄为锑，赭黄为铁，绿为铜，蓝为铜或钴，紫为锰等金属涂料烧制而成。色彩永远光鉴，给唐代的采矿、冶炼工业之发达，给出了无声的证明。

唐代墓葬十分豪奢，帝王陵寝，宛若宫殿。陪葬品可谓应有尽有，其中最引人注目的是墓道壁画。

我们看到了复制的章怀太子墓道壁画：行行马队簇拥着显贵，奔驰在古木森森的大道上，旗帜高飘，骑手腰悬弓箭，是出行还是围猎，令人遐想。

一幅马球图，场上骑手驭马穿梭，各显神通。这种当年从西藏传来的运动，虽然静悄悄地凝固在墙壁上足有千余年，但却在无声地讲述着唐蕃古道的历史功勋。

一幅客使图，画面上外国使节衣着各异，神态逼真；迎客官员，姿态生动，不卑不亢，颇具大国风仪。甚至从细微的表情上，也能反映出唐官面对来自西域、东瀛的各地使节模仿大唐礼节的憨态而显露的微妙表情，使人仿佛觉得墓中王

■章怀太子墓道最为著名的壁画《客使图》

■大雁塔

族们刚接待了外宾，宴罢安寝哩！

西安的唐代风物何其多，容不得我们一一浏览。因为我们不得不告别这座充满唐帝国遗风的古城，驱车西去——那条三千多公里的唐蕃古道在等着我们一步一步地踏勘。

马嵬遗恨

千年前的唐蕃古道，在关中西部，是与汉代丝绸之路的关中南道基本印合的。

出西安城的西门向西北行，过渭河到咸阳，再顺渭河北岸西行，便经过古道上著名的“马嵬驿”。在唐代，这是西出长安的一个大站，也是唐帝国外事活动中迎来送往的重要门户。在这里我们已经见不到任何古驿站的遗迹了，只有那位风流千古的唐宫美人杨贵妃的墓，任人们凭吊。墓前小碑镂刻着“唐杨氏贵妃之墓”。想文成公主一行到此，料不到百余年后在这里上演了一出女人的悲剧。驻足台阶上，左思右想，唐朝对西边吐蕃的和亲，带来的是暂时安定。而对北面的胡人安禄山竭力笼络，却落得认贼为子，致使范阳铁骑直逼长安，逼得义父李隆基翻秦岭逃往西蜀，逼得义母杨玉环香消玉殒于马嵬坡，成了牺牲品和腐败帝王的替罪羊。松赞干布与安禄山相比而言，同是少数民族，藏族赞普倒显得实在知足，

■杨贵妃墓

而北方胡儿却更能以憨蠢掩饰狡诈。面对枯冢，历代游人题咏颇多，或指责唐明皇推卸责任于杨贵妃，无情无义，或抱憾杨氏嫁给皇帝不如嫁给平民，等等。是是非非，还是留给后人去评说吧！

法门寺

离开马嵬驿，经过汉武帝的茂陵，过武功驿，便到了扶风，这里有一座盛于唐代的法门寺。它渊源于东汉阿育王寺（或叫无忧王寺）。据传乃古印度孔雀王朝阿育王所建。释迦牟尼灭度（死）后200年，阿育王大兴佛法，并在世界各地修造了84000个塔，分葬佛的舍利，而法

■法门寺

门寺阿育王塔就是他在中国修建的19座塔之一。后来“因塔置寺，寺因塔著”。这传说不可信，有标榜建寺古老，与攀附佛教史上第一次弘扬释教之嫌。阿育王时代相当于战国末期，那时佛教还没有流传入中国（东汉明帝求法为佛教传入我国之下限时间），不可能建立此寺。从东汉至南北朝，寺院多次被毁坏、重修。隋初改天下佛寺为道场，此寺更名“成实道场”。唐武德八年（公元625年）改名法门寺，名延至今。唐代，法门寺进入了鼎盛时期，由于皇家的重视，使它成为中国佛教九大寺院之一。有说法门寺是唐朝的皇家寺院不无道理。从此魏至唐，在这里九次迎奉佛舍利，而唐太宗至唐僖宗期间竟达七次之多。其活动规模之大，耗费人民财富之巨，引起了朝野正直人士之指责和反对。唐朝大文学家韩愈就是因为上书皇帝，不要迎佛骨，不要劳民伤财，大耗国力、民力而遭到降职处分，被唐宪宗贬为潮州刺史。

至今尚有传闻，641年文成公主驻辇扶风驿，曾专程到法门寺，烧香礼佛、布施，瞻仰佛骨……全寺上千僧人列队迎送，如过节日。

■佛骨舍利

1 | 2 | 3 | 4 | 5

■ 1. 唐代宫廷银鎏金茶笼子
2. 四十五尊造像宝函
3. 八重宝函
4. 秘色瓷器
5. 秘色瓷器

并专为文成公主一行做了三天道场，祈求祷祝公主西行一路平安、吉祥。

1987 年 4 月 3 日，从法门寺爆起一阵霹雳，震动了中外佛教界。世界上仅存的佛指舍利在地宫里被发现，解开了历史上迎奉的佛指舍利是否还埋在地宫的千古之谜。大量文物瑰宝一批批展现在人们眼前，并被称作继世界第八大奇迹——兵马俑后的又一大文化奇迹。

一枚佛骨，三枚影骨和金银器皿 121 组，铁质器 16 件，瓷器 16 件，石质器 12 件，玻璃器 17 件，漆木及杂器 19 件，珠宝玉器 400 件（粒）以及大量丝织品，件件都令人瞠目结舌，无法定其珍贵。其制作技术之精湛、形体之庞大、数量之众多、品格之高贵，在国内考古发现中皆属罕见。特别是“佛骨旋风”从法门寺刮起，席卷了佛教界，波及宇内，成为世界文化史上一大盛事。

赵朴初先生赶赴扶风，在《法门寺佛指舍利出土赞歌》中留下这样的诗句：

……

从地涌出多宝龛，

照古腾今无与并。

……

玉棺启见佛指骨，

曾使唐皇泪盈目。

……

凝视莹莹润有光，

不同凡质千年藏。

骨影非一亦非异，

了如一月映三江。

金银琉璃众宝器，

精微工巧辉煌极。

金缕袈裟待展开，

天衣遍覆无边际。

……

几曾兴盛又落寞的“关中塔庙始祖”的古寺，在20世纪煌立世界，成为最具魅力的圣地。

关中风情拾遗

告别扶风再向西，过西周王朝的故土岐山，便到了凤翔。武功到凤翔，这一大片平平展展的黄土地，在唐代曾是富庶的京畿之地。

关中西部老人衣着仍然保持古朴之风，服色以蓝、黑为主。老妪多穿大襟衣服，襟子把胸腹包得严严实实，既庄重又保暖；老头穿对襟褂子，剃光头。男女老人都喜扎头巾、绑裤脚，这是为了防土；与唐三彩所塑的唐人装束相似。而老头的外衣仍扎腰带，既暖和又能当衣袋，出门怀中揣钱装物又很稳妥，不易丢失。

■关中老汉

年轻妇女已趋时髦，烫发、穿花衣，讲究款式和城里人无甚区别；青年男子则均是一身的标准西服，商标还显赫地留在袖口上。

在岐山、凤翔一带的民间，还有给小孩缝百衲衣的风俗。所谓百衲衣，是用亲戚、邻居赠送或向亲邻讨来的各色布头拼制成的坎肩或小褂子。据说儿童穿上百衲衣就能得百家之福，长命百岁，永保平安。虽然这种说法并不可靠，但是它的做工却十分精细，不失为乡土味浓厚的工艺品，尤为西方游客所欣赏。

曾是乡村一景的高轱辘牛车，给过我深刻的记忆。它的轮毂、车辐、轴套全是用上等硬木做成。轮沿上包着铁条，用直径一寸的大铁钉钉牢，阳光下明光闪闪。三头老牛拉着，一走一晃荡。车轮咯吱咯吱地响着，在无垠的田野或乡村土道上又刺耳又亲切。而且关中人世

■造型各异的关中皮影

■凤翔泥塑

代的价值观，就是以有几挂车、几头牛作为衡量一个家庭穷富的标准。这种颇具特点的牛车，从汉唐走到 20 世纪——据说当年文成公主就是乘着这样的大车西进的，路过关中时，老百姓纷纷仿造，因为买不起骏马，便以牛代马——才完成它的使命。现在当地人已用架子车、手扶拖拉机替代它，只有在博物馆才能见得到牛车的模型。

牛车随社会生产力的发展销迹了，可关中老百姓饮食、住房“三大怪”却随处可见。

一大怪 “面条像腰带”的扯面，又宽又厚，极富韧劲，很是耐嚼。调上青盐、辣子，再放点味精，确实有吃头，是关中人的主食。有小伙告诉我，一天不吃扯面，就觉得没吃饭，肚子空落落的。

二大怪 “烙馍像锅盖”的锅盔。它直径在 80 厘米以上，大如锅盖。用文火慢煨，又香又硬。一个锅盔能吃上十天半月，是秦人服徭役时充干粮用的。别看锅盔只是用面粉做成，内涵却颇丰富，平凡中凝聚着智慧，也反映出劳动人民面对艰难的顺应力。关中人世世代代就背着这样简单的食物，劳作于一个个封建王朝。难怪一个老人用旱烟锅敲着硬邦邦的大锅盔，不无谐谑地说：“那些城墙、高坟，是我们的锅盔垒起来的；那些贼长的官道，也是我们的锅盔铺就的。”话不多，却耐人寻味。

三大怪　“房子一边盖”的厦房。高低分明，为土木结构，一边斜锯齿形。充分利用了关中土质黏性强的特点，以土墙承受主要压力，不用大梁，节省木料，是秦人因地制宜的一大创造。

研究民俗的朋友，不无自豪地说：“不仅房式独特，连屋上称谓也颇值得考究。”如两侧的土坯墙俗称“山觟”（huà），通气窗叫“丱堑”（guàn qiàn）（丱为小孩束发两侧，象形字），土坯称“囫垍”（hú jì）等，保留了不少现在已不常用的古代语言。从这些称谓中，可以隐约看到汉唐文化的积淀。“一边斜”正逐年减少，两三层小楼正在讲述关中农民生活走向富裕。不过，这样的古老旧居与现代洋房同村的景观，中西建筑文化的交流与碰撞，确实独具新意，启人思索。

古秦陇『咽喉』大震关

从凤翔再向西，过千阳便到了陕甘交界的陇山。在这片高深险峻的大山中，有一座古道必经的“大震关”。汉置关于陇山上，唐设大震关驿站，陈重兵防御这条关中——陇右，东西进出的交通要道。

为争夺此关，历史上曾发生过多次战争。唐高祖武德五年（622 年）突厥曾攻陷大震关欲取长安，吐蕃也曾趁唐代中期的安史之乱攻陷此关以图中原，南宋建炎

■沃野千里的关中平原

四年（1130 年），金兵破关而出兵天水，明初徐达攻陇州由此经过……这些你死我活的争夺，证明大震关乃历代兵家必争的要地。

唐宣宗大中六年（852 年），因大震关残败，于是东移 30 里，筑安戎关，称新关，以别大震故关。

从陇县向西北行 25 公里，便到了固关镇，再北进至二桥，就见到唐宣宗大中六年（852 年）立下的石碑“安戎关”新关址。下车寻觅，关城早已不存，唯见一段土埂长约 30 米，高 4 米许，从沟中伸向右侧山脊，这就是当年的城墙了。据悉 20 世纪 60 年代修路架电线时曾出土过城门石墩、瓦片等。关南约百米，见一旗台石，上有直径 10 厘米圆洞，是唐营插旗杆之处，乃新关遗迹的证据。

自新关北进，两山间距越窄，林木苍苍，灌木丛生，几十里不见人烟，唯闻牧笛声声，间或有牛羊隐现于林丛。经十道桥到达山顶，两山夹峙，仅距几米，顶上立着民国初年的石碑，上面刻了“沟通秦陇”四字，这就是大震关旧址了。看不见唐代边塞诗人岑参《初过陇山途中呈宇文判官》诗中“一驿过一驿，驿骑如星流，平明发咸阳，暮及陇山头”的繁忙景象，也找不到“山口月欲出，先照关城楼”的苍凉突兀关隘。自然也没有了大诗人杜甫去秦州，路过陇山“满目生悲事，因人作远游，迟回度陇怯，浩荡及关愁”的忧思。烟雨苍茫中铁塔入云，为古关添了新景。据史载，汉武帝至此，适逢雷声大作，震响四壑，遂取关名大震。而今虽时过境迁，雷雨如前，同行者随口拈出一句“珠帘垂挂关山雨，尽洗千古征夫愁”倒是不俗。

过关向山下走，忽见林间青烟飘绕，还嗅到一股诱人的苞米香。停车一看，几个收核桃的农家姑娘正在烧苞米当午餐。村姑们好客，捧几个黄灿灿的烧苞米迎过来。

■关中农家

我们吃得正香，突然一阵绿蛋如雨洒下，抬头见一位红衣少女正骑在树杈上挥竿打核桃。我们饶有趣味地帮她们捡进筐里。姑娘们为回报我们的举手之劳，又给我们剥鲜核桃吃。山里的姑娘，剥核桃手艺真巧，用小弯刀一撬，核壳就分开两半，再在壳内剜一圈，核桃仁就递到面前。一入口，又脆又香，比鲜椰肉还好吃呢。

草木森森的陇山，已被划为自然保护区，种植着秦艽、党参等药材，以及核桃、红枣等经济林木。关内关外一派葱郁，笼罩着浓浓的古文化景点，成了旅游观光、怀古凭吊的好地方。

第二章 渭洮河谷佛像长廊

陛下平定四方。日月所照，并臣治之。高丽恃远，弗率于礼。天子自将度辽，隳城陷阵，指日凯旋，虽雁飞于天，无是之速。夫鹅犹雁也，臣谨冶黄金为鹅以献

■麦积山石窟塑像

■麦积山石窟

『东方雕塑馆』的神韵

出大震关过清水县，再向西南行 60 公里，便到了陇东重镇天水。这里是飞将军李广的故乡，也是诸葛亮智收姜维之地。向东南 50 公里，便是闻名遐迩的“东方雕塑馆”——麦积山石窟。因为山形如圆锥，酷似农家麦垛，故名麦积山。现存洞窟 221 个，层层相叠，密如蜂房。这些石窟，最早的开凿于公元 384 ~ 417 年的后秦时期，之后的西秦、北魏、北周、隋、唐、五代、宋、西夏、元、明、清各朝代也都有开凿和重修。现在保存了各个时代的泥塑，石雕造像 10632 多身，壁画 1300 多平方米。称得上中国各时期精美雕塑的大联合展馆。

麦积山塑像的最大特色，就是赋予世俗的人情味，充满了浓浓的生活气息，精致优美的艺术造型，形神俱佳。置身各窟神佛中间，仿佛见到朋友似的亲切。佛祖

■麦积山石窟塑像

如长者般厚道平易，而金刚如山民一样的淳朴，菩萨秀骨清俊，侍童供女的笑脸溢满天真，每尊神都温婉可亲。他们仿佛也厌倦了尘世喧嚣，烦腻了供品，便集聚在秦岭西端的僧帽山中，消闲飘逸地度日。泥塑会说话，石头也有灵性。特别有趣的是，每个游人都能在众多佛像、菩萨的神态中，找到和自己相似的面貌，与自己对应的性格。

我敬佩麦积山造像的无名氏工匠们，竟有把神、佛根植于人性、人情的艺术功力！

走进43窟，看西魏文帝皇后乙弗氏的墓葬遗迹，顿使心情难以平静。南北朝时期西魏文帝元宝炬娶青海湖边乙弗氏小国国王之女做了皇后。乙弗氏文静又美丽，为人谦和善良，好吃素，不喜珠玉罗绮，得到群臣和百姓的拥戴。然而，文帝为了减少北方边境的战争压力，便用和亲之计娶北方柔然国君的长女为悼后，同时又废弃曾宠爱的乙弗氏。但那位悼后仍然妒忌乙弗氏，竟策动柔然国起兵压境，强迫文帝置乙弗氏于死地。文帝无奈，下令乙弗氏自尽。太子武都王把母亲葬于麦积山，称为“寂陵”。因为废黜皇后冷了民心，江山也没有因此而保住，文帝死后才不到六年，西魏小朝廷便也寿终正寝了。

■麦积山石窟塑像

大凡到麦积山观光的人，都会默对 43 窟沉思一会儿，发出慨叹的唏嘘声。

麦积山石窟位于甘肃省东南部的天水市，因该山似麦堆而得名。麦积山石窟始建于后秦，魏孝文帝以后，逐渐形成规模。现存魏、

■麦积山石窟彩绘

西魏、周石窟大约30个，麦积山石质不宜于雕刻，石窟以泥塑见长，佛像一般都是泥塑的。它是我国除敦煌、龙门、云冈三大石窟之外的较大的石窟之一。

在大像山上

告别天水向西北行60里，至伏羌县（现名甘谷县）。出城向西南行约4公里，便有一座大像山耸立。这山的形势奇特，沿山脊切成一个天然剖面，凌霄横陈。从山根到山顶竟是五步一楼十步一阁，殿宇建筑依山就势逐台高矗，布局巧妙。经伏羲殿、文昌阁、灵岩寺、鲁班殿等十余处寺庙，便到了山顶的大佛殿，遗憾的是各龛内220多座佛像俱毁于“文革”中，唯见一尊高27.3米的如来大佛像趺坐于石窟内，大像山由此得名。这位“幸

■大像山山门

■大像山的如来佛像

存者”袒胸赤足，颜面丰满，发髻高突，两耳垂肩，很像是唐代塑造。上千年来，一直注视着山下或使臣来往，或兵戎相见的演变。四壁还有飞天、飞龙、人面鹤等悬塑，驾祥云层翊在佛龛的天顶上。相传鲁班殿是大像山全部建筑竣工后，用剩余的木料拼凑建起来的，结构奇巧，玲珑剔透，独运之匠心，充分显示了精湛的建筑技艺，为代代建筑专家称道。

夏末傍晚，登山人络绎不绝，其中不乏耄耋者，虽然气喘吁吁，却举杖不停步地向山顶攀去。他们不都是虔诚的佛教徒。立于山顶阁楼上的白云封处，看渭河谷地尽收眼底。山峰四起，把村舍、古城和铁路笼罩在朦胧的纱幕中。渭水自西蜿蜒而来，一线鳞光，更显得洒脱、飘逸。崖边古松披一身白甲，白杆白皮如走银蛇，探展于峭壁之上。山荆、野花一齐托示出旺盛的生命力，想不到陇西山川竟如此壮丽多姿！转首间，忽见一白发老奶奶恭立一侧，在对陇原合手叩拜。她在拜佛呢，还是拜山水？我不由得向她走过去：

“老人家经常上山吗？”

“一天一次。”

“坚持几年了？”

“不多，才二十年。”

“有什么好处？”

“身病心病全治。”她打开了话匣：“你是外来的吧，有句诗知道不？尺五连天大像楼，一川景物望中收。只要收到心里，什么烦恼忧愁都忘得干干净净，真是登山强身，望川养心啦！”

从老奶奶的言语中，我好像有点理解甘谷人与大像山不可分离的——也即是人与自然不可分离的情感！

水帘洞·拉梢寺

大像山西40公里渭河之北，有条鲁班峡，峡内“群峰叠嶂觅无路，乱石开径别有天”，坐落着水帘洞石窟。洞因山峡凹处有水泉渗出，尤其是雨季，泉流飞泻直下，如珠帘垂挂山前而得名。据说唐僧赴西天取经路过陇西，曾在寺里留宿、进斋。后来吴承恩先生写《西游记》描

■水帘洞石窟

述的花果山、水帘洞景物，就以此为创作素材。李唐三公主（弘化、文成、金城）远嫁青藏，均在这陇原名刹驻跸（帝王出行时沿途停留暂住）、释佛。

石窟始建于后秦，经北魏、北周、隋唐、五代、元历代增建和重修，后经兵燹（xiǎn，野火）、山洪、水浸，特别是在“文革”时期被毁，原来规模宏大的七寺（拉梢寺、千佛寺、显圣寺、砖瓦寺、硬山寺、粉团寺、观音寺）五台（莲花台、清净台、说法台、钟楼台、鸣古台），只剩下水帘洞、拉梢寺、千佛洞及显圣寺四处残缺古迹，统称为水帘洞石窟群。

■石窑里的如来佛像

虽然，20 世纪 90 年代修葺寺院，重塑佛像，也是新不如“旧”，唯水帘洞内六组壁画尚保持北魏原貌，特别是那牛拉棚车一组分外吸引我。它以古朴的乡村生活、田园风光为内容，为今人、后人研究当时的农耕文化，提供了极其珍贵的资料图样。

在当地传说不休的普通民女麻线姑娘，竟塑在菩萨行列，不仅为寺院增添了民俗文化内蕴，而且独具特色。

说在峡西的塔麻村，有位麻线姑娘李英秀，因反抗兄嫂逼她嫁给一个财主，被用麻线捆束，一头拽在哥哥手中。夜里她逃出家门，为了不让哥哥发现，边跑边放身上的麻线，逃到水帘洞时，麻线放完了，只得用自己的肠子续起来，躲进洞里。幸得观音菩萨拯救，留下“汝妹已入仙班”的偈语。当兄嫂追到洞里，气愤地将手中火棍、笤帚插在地上，“你要真随神仙去了，就让它长出芽来！”果然火棍、笤帚都发芽成树。至今仍可见火棍树长在寺里，树干分枝宛如火棍；笤帚树如虬龙盘结，冠若笤帚。微风中枝叶簌簌，仿佛在讲述那个悲壮的故事。从传说表面上看是追求自由婚姻，实际是封建社会中贫富分化，阶级矛盾尖锐对立的写照。寺管人员告诉我，每年庙会，李家的后代都会来这里拜祭麻线姑娘——他们族中勇敢的先姑。

树旁有一座水池，名曰“摸子池”。传说不生男孩子的妇女，只要从池里摸起一颗石子，回去就会生儿子。现今仍有女人到池边摸石子，并悄悄带回家去，那神态既害羞又神秘，并满怀希望。

拉梢寺以大佛著名，一佛（如来）二菩萨（文殊与普贤）高高矗立，雕塑工艺十分精湛，释迦牟尼跏趺莲台上，高达42.3米，两边菩萨高20米，中国最高的石胎泥塑大佛。佛座由三组莲花将6头雄狮、9只卧鹿、9头白象分隔成三层。各兽或卧或立皆生趣盎然，无论从群体还是单一观看，都是栩栩如生，是极精美的雕刻艺术珍品。这样的佛座装饰组合在国内佛像莲台上还是首见。

拉梢寺，名字有点怪异。是佛像的雕塑方法，解开了寺名由来之谜。

1400多年前，要在陡峭又内凹的险绝崖腔里作业是非常困难的。工匠们想出了一个绝好的办法，从四面八方拉来树梢，堆成山林，让工匠站在树梢上摩崖雕凿，做完一部分就撤掉一层树梢，既安全又方便，故寺以拉梢命名。以建筑方法取名的寺院，这也是很独特的一座。它让人想到一个哲理，没有人民的支持，佛也非佛，神亦非神……

各寺窟的飞天，多系北周作品，呈“V”字形，半裸胸，衣裙高飘，有满壑生风的动态美，她们手握莲花，面带微笑——不如唐代飞天轻盈飘逸，有些沉重感。但确实是中国最早出现的飞天。她们因何而产生，为什么要塑成这般姿态？只有考古专家去研究了。

武山夜光杯

出鲁班峡西行 25 公里，到武山驿（现为武山县城），武山盛产夜光杯，但尚不闻名。唐代诗人王翰的《凉州曲》：

葡萄美酒夜光杯，
欲饮琵琶马上催。
醉卧沙场君莫笑，
古来征战几人回。

人们自然想起夜光杯出自河西走廊的酒泉。其实产夜光杯的地方很多，除武山之外，尚有青海祁连县，比酒泉更接近凉州（武威）。此杯起自汉代，《海内十洲记》“周穆王时西胡曾献夜光常满杯”以此得名。

精美的酒杯是由祁连玉，也叫鸳鸯玉做成。它性能极佳，耐高温，四时盛酒不变味，天然光泽终久如一，为酒杯中之上上品。武山工艺厂负责人告诉我，酒泉夜

■夜光杯

光杯厂年年都到武山厂购玉石或杯具，以满足国内外市场的需求。也是，酒泉做杯玉料已开采1000多年，再大的矿山，恐怕早已采完。为维持其品牌，也只有到武山、祁连等地买料加工。而各地顾客，只看商标，不问产地，欣赏晶莹的宝杯，而不知底细。

■夜光杯

武山的夜光杯产品除原有的高脚杯、仿古齐口平底杯、中国传统的喇叭形酒盅等10余品种外，还有爵杯、觞杯、凤杯、龙杯等新品。进而又扩展到各类玉器：如三炮台茶具、“文房四宝”、马踏飞燕、玉质屏风、玉佩、玉环、玉镯等几十种。且花色繁多，墨绿、翠绿、乳白、鹅黄……可谓天容海色，瑰丽斑斓。该厂的双龙杯曾作为国家礼品赠送给缅甸总统，引为珍藏。武山玉器夜光杯，已渐渐争得它应得的荣誉和在国内外市场上应有的位置。

渭水之源拱彩桥

渭源是唐蕃古道上一个大驿站。现为渭源县，县城南边，一条彩色的木桥拱立渭水上。“闲眺城外渭水流，长虹一道卧桥头”，毕肖地描绘出灞陵桥的姿态。灞陵桥称得上中国古代的拱形伸臂式卧桥，而且拱得近于夸张。桥中央高15.4米，两头低至5米，长40米，从一端至桥中央仅20米，拱幅却高达10米以上。桥身全用瓦顶覆盖，若不是桥板上横钉着木条，是很难行走的。县城的人都愿踱步桥上，以试脚力，每过一次，便有登小山之趣。

■拱彩桥即灞陵桥

灞陵桥建于明代洪武初年（1368 年），清同治时重建，原为平桥，1919 年改为拱桥。1934 年重建，共 17 间，以 64 根柱子支起檐廊，两端飞檐高翘，如巨龙凌波而起，颇为壮观。

桥头有孙科题碑“渭水长虹”四字，笔力遒劲，有书法审美价值。檐下挂于佑任书匾：“大道之行”，行书刚劲有力，乃于老得意之笔，为桥添了光彩，也增加了它的文化含量。桥头河边是公园，见石俑骑在镇木兽背上，像是在驱赶怪兽驮他过河，面带滑稽相，看后不由得令人发笑。这渭水源头第一桥，是当地人的骄傲与流连之处。

临洮古韵

从武山到陇西，再到渭源，这一路也是唐蕃古道与丝绸之路的重合区段。涉过渭水源头，翻越乌鼠山之后，唐蕃古道又顺着黄河的另一条支流洮河继续向西伸延……

少时读王昌龄《塞下曲》诗句：“饮马渡秋水，水寒风似刀。平沙日未没，黯黯见临洮。”印象极深。总以为临洮是荒漠悲凉的古战场，令人心惊肉跳的边塞。谁知我们驱车沿洮河谷地驶进临洮城时，见到的不是黄沙漫漫、田荒草野的景象，而是沃野百里、瓜香果甜、夏无酷暑、冬无严寒的富庶之地。看来“黄尘足今古，白骨乱蓬蒿”的诗句，倒不如当地民谣“弯弯哟洮河水，河是那金银河……”更为真实。

唐代一些边塞诗人，如王昌龄等人，确实没到过这里，唯凭还朝将士描述甘青景物产生的灵感。戍边者夸大当地的寒荒，渲染战争的残酷，以衬托其功劳显赫，也是有可能的。

这些名诗名句，千古流传，作为艺术创作，无可厚非，但后人以此为据，视为甘青一带的实地写照，则往往使

■临洮

■马家窑遗址

■彩陶壶

人陷入认识误区。

唐代诗人们，没看到陇原美景，更想不到远古时期临洮竟是人烟稠密、农耕畜牧业发达的风水宝地。特别是以临洮为中心，南北不到 20 公里的范围内，拥有马家窑、辛店、寺洼文化的发祥地。一个西部小县竟然出现三个以当地村落命名的古文化类型，这在中国的县城中，十分罕见！它们都以古老的彩陶，内涵丰富的文化遗存而蜚声中外。

马家窑文化遗址，坐落在临洮县城南10公里的马家窑村洮河西岸台地上，是新石器时代到青铜时代的文化遗存。出土了丰富的彩陶、石器，半穴式建筑物以及墓葬、骨骸……数以千计的彩陶，做工精细，花纹精美，色彩绚丽，器形多姿。陶器装饰以水涡纹、旋涡纹最多，它反映了5000多年前原始人对水的利用、认识和艺术感受。众多的石刀、石铲、石镰、石磨，说明马家窑人处于新石器的历史进程中，农耕文化还处在不够发达的原始状态。

马家窑文化，东起陇山，西到河西走廊，青海东、北、南部，即甘、宁、青、川北广泛分布。悠长的文化时空，包括了马家窑文化类型（公元前3290～前2880年）、半山类型（公元前2655～前2330年）、马厂类型（公元前2415～前2040年）、齐家文化（公元前2070～前1760年）、辛店文化（公元前1600～前1200年）、寺洼文化（公元前1400～前1100年）。

马家窑文化意义重大，填补了中国远古文化中有关西部的空缺，使西北的新石器以后的远古文化划定有了依据和傍靠，在中国古文化史上竖起了一根西陲标杆。

辛店文化遗址，距临洮北15公里。有祁家坪、辛店村骆驼崖两处。墓中随葬的彩陶以较为粗糙的夹砂红褐器为多，图案常用宽窄复线，黑红相间的带纹组成回纹、蝙蝠纹及少量涡纹，对马家窑陶器既有传承，又有更多的发展。陶面绘画填以太阳、鹿、犬、羊等动物纹饰，说明图腾崇拜的出现；众多的动物图案又表明辛店一带从农耕文化到畜牧业的发展。成对羊角状的双沟纹和形象生动的犬形纹是它的重要标志；鹿形纹的出现，说明了羌人已在4000多年前就已驯化、饲养野牲，生产力比起马家窑时期已有发展。

寺洼文化遗址，距临洮县城南约20公里。多为夹砂红陶，表面磨光，器形、纹饰虽具辛店特征，但马鞍形双耳罐是本期的独特品种。类别繁多，有罐、鼎、鬲、盂、瓮等。用途较广，盛装的生活资料也大为丰富。这说明当时农业有较大发展，畜牧业乃生活的主要来源。出土的戈、矛、镞、铃等青铜器，反映了与商周文化的密切关系，当然也是生产力发达的佐证。特别是出土的铜镯、铜泡、陶响铃及石蚌质项链，说明当时人们生活的艰辛程度在减小，生活情趣在增加，原始人群已注意装饰、美化自己，审美观念在提高。这习俗、爱好，有里程碑的意义，至今人们不是还以项链装扮自己吗？虽然其质地、材料、款式大大变化，更加贵重、精美，但其起源或雏形却是出自原始部落，倒是意味深长！

三处文化遗址，都是由瑞典人安特生于1923～1924年首先发现的，后经中国考古学家多次发掘、研究，集萃成了中国远古文化最灿烂的一章。

观瞻中，我不由得思索，三处陶器，以年代最古的马家窑遗存最为丰富，技巧也更高超。为什么愈往后，生产力越发达，生产水平越高而陶器却反而粗糙，是因为水平低下吗？这种衰落现象，其实是制陶业的波浪式发展。马家窑时期，以农耕为主的定居生活有稳定环境，使慢轮与快轮技术得以充分发挥，以后随着生产力的提高，特别是畜牧业的发达，流动性增加，精工细作的程度剧减，加之人口发展，需求量剧增。同时，社会审美变向，对陶器从欣赏、装饰到多方面使用，造成后期陶器已不如前期细致、精美。这反映生产力的逆向规律，恰恰旁证了在西北特定的环境、气候、自然等条件下，原始部落从农耕文化进入畜牧业发展期，不是落后、倒退，而是生产力的发展与进步。

从几个时期陶器花纹、图形的变化，也可见社会的发展和审美观念的进步，马家窑期的涡纹、水波纹，属于模拟自然的产物。辛店的太阳图案，是对天地的崇拜，开始有了宗教信仰。而寺洼期的“△”“X”“+”图案，有人认为是生产中产生的形象标识，也有说是创造文字符号的萌生，无论如何都说明抽象意识在增加。

带着对远古文化的享受，离开临洮，一路上又进入甜美的现实生活中。七月的晚风送来扑鼻的瓜香。洮河的夏天正是流蜜的季节！公路两旁不时见到搭起的凉棚里堆满瓜果，组成瓜果长廊：白兰瓜、大西瓜、黄河蜜，还有水蜜桃、西红柿，堆成小山，招徕过客。一辆辆客车在路边停下，旅客拥下车奔向瓜果摊，抱起大西瓜切开，贪婪地大嚼大啃。流淌的瓜汁竟引来了蜜蜂，嗡嗡嘤嘤地绕着瓜摊飞旋。

吃饱了瓜果又看风景，竟发现瓜田里铺满了土豆般大小的鹅卵石。难道有农人这么懒,耕作时连石头都不拣出。听瓜农讲了才知道,这一带气候比较干燥,天很少下雨。为了防止土壤里的水分过度蒸发,人们便从河滩运来石头，覆盖在田地里，保持了水分，才使得瓜儿能长大成熟。如今，有不少农民已采用塑料地膜覆盖，代替石子。

陇原人与石块、石子结下了不解之缘，石头不仅种瓜需要，就是连吃饭也离不开它。妇女们把小石子淘洗干净晾干，再用少量菜油拌匀,放进平锅里烧烫烙饼。这就是有名的“石子锅盔”,又脆又香,使人吃一个想两个。据说这种锅盔在古代还给皇帝进贡过呢！文成公主是否吃过,不得而知,但当地的人们,却很喜欢这“石子馍”哩！

这时，一个难得的生活镜头扑入眼里，一位当地的小伙子边吃

■石子馍

烙饼，边深情地唱起“花儿”：

想妹子想在了柳荫下，

石子锅盔般的滋味长……

一首意味深长的花儿，把对情人的思念和品尝食物的乐趣，表现得淋漓尽致。引来周围人一片叫好声，不禁叹曰：“我们无妹子可想，但石子锅盔的味道却体味到了！”

河州三美

出临洮60公里，来到太子山下、大夏河畔的临夏城。它又名河州，古称枹罕，是枹罕小国的建都地。这里聚居着汉、回、东乡、保安、藏、土、撒拉等7个民族，是汉唐以来西北的商贸重镇和军事要地。商贸发达,有“陇西上海”之称。然而最为当代人所欣赏的是花鸟、砖雕、葫芦雕，并称“河州三美”。

到河州翌日，正逢花鸟市场集日。一大早，市场就鼎沸起来。花草鱼虫，珍禽宠物，鸟食笼具在十亩广场上自然摆开，任城镇和四乡居民选购，交流种花技术，其乐融融，怡然自得。

临夏人爱花，每户院落都有花坛、花圃，有“无家不花”之誉。从春至秋，牡丹、芍药、吊金钟、绣球、月季、大丽花竞相盛开。其芳香和色彩，为商业气息颇浓的小城增添了几分文化品位。

特别是大丽花，是国内佳品，红、黄、橙、紫品种多样，花冠硕大，直径可达25厘米。如果把临夏的大丽花移栽外地，花冠就变小，甚至花期也缩短，色泽也有失艳丽。于是，便有了“大丽花仙”留恋临夏的传说。其实是临夏的气候、土质最宜大丽花生长，再加上世代种养，便培育出“唯此独有”的优势品种。

一般认为，养鸟、喂鱼，都是老年人休闲的方式。可是在临夏却是老老少少都喜爱。各种各样的热带鱼游弋在鱼缸、鱼盆、塑料包里，在朝霞映照下，分外活泼、美丽。一笼小松鼠，来自山林，撩起人们的兴致。它调皮、活泼的形象，吃蚂蚱的姿态，引来围观者会心的笑意，顷刻间就竞购一空。当然更多的是非卖品，人们提着鸟笼，抱着宠物，来逛市游玩。雏鸦站在孩子肩上，豆豆鸟在手指盖上显示娇美，是花鸟市上最别致的镜头。按汉族习俗，乌鸦是不祥之鸟，这里好像没有这种认识。它立在孩子肩头，既驯善又温顺，显然与小主人形影不离。在这里我第一次看到乌鸦和百鸟享有同等地位。豆豆鸟大概是鸟中最小的了，不过手指头大，别说是孩子们围观，就连大人也爱不释手。它被人们传观着，从一人的指甲盖跳到另一个人的指甲上，不飞不惊，吱吱地鸣叫，显得那么欢快。

市场另一角，则是卖鸟粮、兽食的摊点，玉米、小米、草籽、松籽、绿豆，甚至狗粮、昆虫，应有尽有。精美的鸟笼盛名于西北，制作大方、精细，笼柱上镂刻花纹，称得上鸟儿的宫殿。尽管制作得十分精美，看鸟儿左飞右突的样子，面对人们的精心呵护，也不甘于寄生笼中，而向往着展翅蓝天吧!

整个花鸟市场，虽人流簇拥，却无嘈杂的市声，花香鸟语的氛围使游人变得文雅恬静，处处用眼接纳，以心感悟，一切都在平静中进行，轻轻地询问，微笑着交易，平均海拔 2000 米的古河州，仿佛在进行着一场文化盛宴。

砖雕和葫芦雕，是临夏民族民间艺术的两朵并蒂花。

砖雕最早发现于宋代墓葬中，颇具欣赏价值。它是在青砖上雕刻各种花纹图案，天衣无缝地拼砌在墙上的艺术品。它古朴、庄重又生动，富于表现力。在临夏建筑装饰艺术中独具特色。

我们先参观了临夏青少年科学馆的砖雕照壁。壁上葡萄，一串串果汁欲滴，有香甜之感。“葡萄架”枝叶也

■临夏砖雕

极其真实自然，而捆在架上的“绳子”，竟和真绳一般。上镌题诗：“中国由来提隽品，谁将出处向张骞。”寓意耐嚼，不仅作品本身值得自信，也为西北偏远地区确有精美之作鸣不平。我们又到了大北拱清真寺八卦亭。这亭的第一层的六面墙全用砖雕装饰，无论山水、花卉，造型都精细流畅。收到了“芳香有欲辨已无言”的艺术效果。再看大北拱清真寺门墙上的宝瓶、茶具和狮子踏绣球的砖雕，更令人喜欢；绕寺的垣墙上的花墙，则全是砖雕，形成一圈空中艺术长廊。我想，即便是古代的帝王宫阙，也难得有如此“花团锦簇”的艺术宫墙。

■临夏砖雕

临夏的砖雕艺术，都以花草为主，配以少量吉祥兽类。在参观了上千平方米的砖雕中，始终没见到人物作品，原因何在？原来与宗教信仰有关。临夏地区，主要集居着回族以及东乡、保安等少数民族，都信仰伊斯兰教。该教教义不供神佛，也没有偶像崇拜，连胡大也没有具体形象。而以献给胡大为本意的砖雕，不能出现神、佛形象，当然是不言而喻的。临夏砖雕，已有上千年传统，朴拙中见奇巧，粗粝上出精美，加之取材方便，是十分有利于普及的一门艺术。

葫芦雕是利用河州一带盛产的葫芦，剥皮、挖瓤后，在葫芦壳上雕刻图形的民间艺术。别看一个葫芦只有拳头大，可雕刻的内容却非常丰富。临夏的葫芦雕刻家不少，而最享盛名的，是人称“葫芦王”的马耀堂。他已有60多年的雕刻经历，连自己也记不清刻了多少个葫芦。他的作品既有历史故事、戏剧脸谱、佛像菩萨，也有山水、花鸟，设色分彩绘与黑墨两类，深受海内外人士的喜爱。他就是24小时不停地刻，也远远满足不了订货需求。

从《万象更新》看到老艺术家的绝妙神工。它以生动笃实的大象点题，以仙鹤蟠桃体现百福长寿，以梅花

■河州葫芦雕

鹿表达知足常乐，以狮子狂舞让人联想到事事如意，以一群仙女乐舞表现轻盈欢悦……众多的神、佛、人、仙、动物、花草，组成一幅人间天堂的乐园。且装饰花纹繁多，树叶纹、双弯子、芭蕉纹、丁拐、斜叶、圆叶、秋叶等几十种。如此丰富的内容，雕刻在一个葫芦上，有着微雕的细密，又用肉眼清晰可见，真是不可思议！

马耀堂的作品，构思奇绝。他刻《方腊造反》，以脸色的变化和一根蜡烛，就把方腊起义的兴衰表现得含蓄深沉。造反初期方腊脸色绯红，头上一根蜡烛闪闪发亮，象征起义的蓬勃发展；中期，方腊脸色微黑，蜡烛已燃烧过半，寓示着他事业受挫，困难重重，危机四伏；末期蜡烛将灭，方腊脸色发绿，标志其面临衰败灭亡。一个小葫芦上，竟容得了一个农民的起义史，不能不说是难得之作。

马耀堂最善于利用葫芦上的疙瘩表现内容。《盘丝洞》的蜘蛛精、丝网中间的太极图、《听琴》的俞伯牙斜倚听琴的山崖等等都是利用葫芦疙瘩体现的，极富立体感，又显真实自然。

谈起疙瘩的运用，马耀堂拿过一个葫芦，上面有疙瘩 200 余个。我问他打算刻啥，他说正在想一个较宏大的主题。我建议他以此天成之物，把全世界各民族代表人物刻上去，定然是一幅大气宏伟之作。他欣然同意，大有如登洞天之喜。我说，几年后再来看你的杰作，于是我俩击掌为信。

■黄河岸边风光

一路佳话走进炳灵寺

出临夏向西北行 50 公里，便到了黄河岸上的“风林关”渡口，它是唐代开元时期著名的七关之一。这渡口北扼黄河天险，东据“东林关”口，西瞻“积石山”，是唐蕃古道的要隘。如今只有一只大木船摆渡来往着的汽车和过客。离开渡口车行十分钟，便到刘家峡水库。我们下车又乘飞鱼快艇去炳灵寺。船驶出库区后不久，我看见洮河从毛龙峡冲出，直扑黄河的怀抱。当地有民间谚语“单不投唐，洮不离黄”。是以单雄信的宁死不投降唐朝，反衬出洮河总离不开黄河，一道东流去的归宿。船工又讲起洮河与黄河的传说。

原来，青海昆仑山有180多个儿女（河），让大儿子黄河、大女儿长江领着弟弟妹妹们出门去闯一番事业。唯有洮河孤傲，不肯跟哥哥、姐姐一道走，留在山中乱闯，被长满黑刺的毛龙捆在山里。黄河带领着弟弟妹妹们，一路为人浇地做好事，发现弟弟洮河没跟上来，便一路寻找——听见小弟洮河在山那边呻吟、呼救。黄河大吼三声，撞开山崖，战死毛龙，把弟弟解救出来。此时，洮河满腔泪水扑进黄河怀里，直喊“哥哥”，从此寸步不离黄河，一道向东奔去。船工说，不信，你们听听，直到今天，还能从波涛里听见“哥哥，哥哥”的叫声哩！

从毛龙峡向西，穿过宽阔的水面，出大寺沟峡再进入大寺沟，便出现两座石峰，宛如两姊妹含情伫立在河岸。传说这两座石峰是释迦牟尼的母亲和姨妈陪着释迦牟尼修炼的化身，凝聚着拳拳的母爱、亲情。

舍船登岸，沿石堤入大寺沟，层层石窟凿于白垩系的紫红沙砾崖上，有西秦、北魏、唐、宋、明、清各朝建成的窟龛180余座，大小石雕佛像694尊，还有壁画900多平方米。窟龛中规模最大的是169窟，它深27米，高15米，宽9米，有7层佛像，窟北面的石壁上有西秦建弘元年（公元420年）的造像题铭，算得上是中国石窟最早的题记。这题记和西秦飞天、维摩诘壁画，为炳灵寺所独有，堪称中国佛窟的三个第一。洞南侧五尊释迦牟尼苦修像也很珍贵，代表着释迦牟尼修行的各个阶段。其中一尊，骨瘦如柴，肋骨凸现，似乎是佛祖受苦受难到极点的那一刻的写照。可苦修并未成功，而是最终在菩提树下悟道成佛。告诉人们一个道理，若要事业达到极致，必须刻苦与思索结合才能实现。

■炳灵寺石窑塑像

据悉文成公主路过此地时，也曾入寺拜佛、敬香，还让工匠为她造了一尊3米多高的佛像。文成公主的礼佛、建佛行为，也促进了炳灵寺的发展。致使唐代陆续建造窟龛达100多座，171龛弥勒大佛，石胎泥塑高27米，乃世界9丈巨佛之一。面型丰满圆润，眉毛细弯，和悦慈祥，体现了唐代造像特点，有很高的艺术欣赏价值。遗憾的是原罩佛木阁有9层楼高，若不是毁于兵燹，将是佛门一大奇观。

在炳灵寺见到的中国早期飞天，呈“V”或“U”字形，右手持莲花，衣裙高飘，彩带飞扬，上身袒露，比较后来的唐代飞天，似有沉重之感，却具朴拙的民女风采。

更值得一说的是，藏传佛教以密宗为内容的壁画、塑像，在炳灵寺许多窟中都能见到，如3号窟西壁上，元代藏传佛教故事画，168号窟的明代八壁观音，172号窟木阁的明代涅槃壁画……都是佐证。就在今天，炳灵上寺仍有喇嘛住持，信奉黄教（格鲁派）。由此看来，炳灵寺当年在汉藏交流的

■炳灵寺石窑壁画

唐蕃古道上是重要的场所，也是汉族佛教与藏传佛教的一个交会融合点。

炳灵寺一带石岸高耸，河道狭窄。史书记载唐代曾架设过桥梁，极大地方便了古道的交通来往。我想，文成公主的车马队很可能是从长桥上通过的。多半不会冒险乘羊皮筏，更不会像我后来一样，钻进牛皮肚子里去闯过黄河的急流险浪！

筏子客魂挑浪尖上

以前，由于交通不便，甘青交界的山区一带，所产木材、羊毛，除用骡马、毛驴翻山涉水驮运外，大部分从黄河筏运，水手就叫筏子客。

提起筏子客，甘青人都肃然起敬。他们大都由循化至河州一带的撒拉族、回族、保安族人充当。每年春秋两季，皮筏首尾相连，沿永靖河向黄河顺流漂下。木材、羊毛近运兰州，远运包头。

每座大筏由 100 多个牛皮袋组成，每袋可装羊毛 120 斤，分三排用粗绳子绑在横杆上，上面再加顺杆绑牢。再将另外的羊毛捆成捆子，压在筏上，称为浮排。每座大筏可运羊毛 5 万斤。

皮筏上备有帐篷，每到傍晚或雨天，筏子靠岸，人们都进入帐篷做饭、休息，此刻，皮筏便是一个漂泊的“家”。

筏子客的行程在惊险中度过，天天和风浪、险滩、礁石搏斗，全然把生命交给了黄河怒涛，也练就了强健的体魄和惊人的胆识。只要听听他们经过峡口、险关的名字，诸如狼舌头、焦土坝、煮人锅、野狐跳、伤心崖……就知其艰苦、险恶程度了。

■黄河岸边的羊皮筏子

最小的摆渡工具，撒拉人叫“木瓦”或“散勒”。它是用一根原木凿成空槽的小船。也常常将两只独木舟连在一起，装货、载人，乔瓦吉（水手）用小划板，针对水流脉络前后左右地划动，穿行在风浪里。看起来颇有诗意，像水鸟嬉戏河面，其实充满艰险。

筏子客最危险的莫过于打“捞”。那是顺流漂放的原木，卡在狭窄的河面或湾道处，越积越多，“捞”堆如山。河水被堵，拍浪轰鸣，震耳欲聋，使人毛骨悚然。

这时，必须有一人缒下绝壁，抡斧头砍断横梗的关键木头。这以命相搏的差事，唯有水性一流、勇武剽悍的“人尖子”才能胜任。既要把木头拆散，又能安全地

■波涛汹涌的黄河

抢先撤离河面。此时，他的举动紧拽着人们的心，每砍一斧都激出观者一身冷汗。当解“捞”那一霎，木头堆崩塌，决堤般地冲腾而下，若逃离稍慢，就会被巨浪卷走，酿成连尸体也找不回来的悲剧。

如此触目惊心的场景，再也见不到了，但筏子客征服激流的气势仍在，并融入了当地民族的性格中。

保安腰刀闪光

原以为保安刀一定出产在保安族集聚的积石山县城里。赶到县城民族用品商店，却扑了个空，一打听，才知出在大河家。

大河家是黄河边上的一个古镇，唐蕃古道上的重要渡口。

全镇 3000 多户人家，几乎家家会造刀。特别是农闲季节，每户都是一个造刀作坊，已历时几百年。制刀成了大河家保安族、回族、撒拉族人的绝活。

保安刀和西北民族生活连接紧密。故有“生活三刀”之说。由于样式美观，藏族、蒙古族人喜欢佩带；且一刀多用，宰牛羊、剥兽皮、吃“手抓肉”都用得着。刀刃锋利，在理发推子传到当地之前，农民用它剃头。保安刀也是甘青人赠送宾朋的礼物，名声远播海内外。

别看作坊条件简陋，做出的刀却十分精良。一个小四合院，几间土屋里，砌一盘磨滚，一个铁砧，就组成了造刀车间。大部分细微工艺程序，都是靠手工完成

■制作保安腰刀的保安匠人

的——就在这上面见功夫。工匠们在屋檐下、台阶上席地而坐，把一个民族的心血、智慧及审美观全部倾注其上。从三寸小刀到二尺长刀，共几十种。诸如鸳鸯刀、西瓜刀、牛角刀、单刀、双刀、什样锦……单听这些名称就够美的了。

满尺刀细长精美，为民族小伙喜爱，挂在腰间，亦可插在靴筒里，也可当武器搏斗猛兽。有一首“花儿”这样唱道：“保安家的小伙身板好，要打个满尺的刀哩。”是不是好保安青年，竟以造刀技术来衡量。

鸳鸯刀小巧玲珑，两把小刀插在一个铜鞘里，成双成对的。当夫妻俩煮好羊肉，用刀切割“手抓肉”，多么和谐、亲昵！

有的刀很实用，鞘上插着筷子、毛夹、挖耳，一刀多用，可见造刀人的精湛技艺和良苦用心。

每把刀上都刻着纹饰，“5”“666”等，表示造刀人

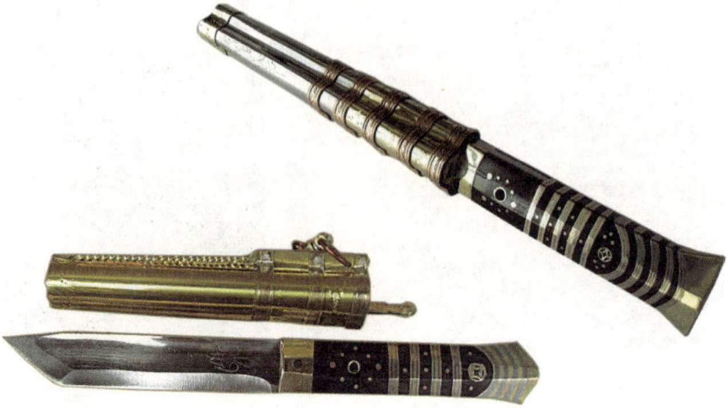

■制作精巧的单刀

的代号：一条金龙，不仅是装饰，也是造家主人的名分；一支手掌纹表示“一把刀”商标，乃真正的地道货。这些徽标，都包含着对用户负责之意，如果发现腰刀的质量不好，便于找造主退换。不过，多年来，还没发现一起退换现象。大河家人最看重自己的名声，做生意不掺半点虚假。

第三章 河湟异彩

陛下平定四方。日月所照。并臣治之。高丽特远。弗率于礼。天子自将度辽。隳城陷阵。指日凯旋。虽雁飞于天。无是之速。夫鹅犹雁也。臣谨冶黄金为鹅以献。

■牛皮筏子

钻进牛皮渡黄河

几千年来，生活在大河家古渡旁的人们过河都要靠老式木船和牛皮筏摆渡。如今大河家黄河公路大桥已建成使用，对于沟通甘肃、青海两省往来具有重要意义。

这里是“丝绸之路”上的一个渡口。历代边将、戍卒、弘化公主、文成公主、金城公主及战马辎重，都从此渡过黄河。三位“金枝”是坐船还是乘牛皮筏，那就无据可考了。

我望着横跨黄河的长桥，老木船已经拖上岸，就要被拆掉运走，而一只牛皮筏，还在来回摆渡。今天待渡人比往常多，单身过客、运粮农民……都想抢在它进博物馆前，最后体会一次钻进牛皮袋里渡河的滋味，从而将那种感觉留在记忆深处。

所谓牛皮筏子，就是割去牛头，再从膝盖处剜掉牛蹄，把牛皮完整地蜕下来，刮尽油脂，风干，就成了一个结实而独特的牛皮筏。

筏工斜趴在牛皮上，以手划水，以脚当舵，轻松自如地从对岸划来，他时而巧妙地选择水路，插过激流，时而躲开漩涡，边划边哼起"花儿"："芥子花开打蓝伞，胡麻花开的是宝蓝；筏上的阿哥（哈）讨平安，回来了尕妹（哈）照管。"悠闲自得之情，勾起我的兴致——想做最后一个渡客，体会在浪高水急的黄河上，跌宕起伏的韵味！

我进入筏里。当袋口扎住后，由于氧气不足、精神紧张，感到呼吸有点急促，几个问号浮出脑海：口子没扎紧漏水怎么办？渡到河心，氧气不足怎么办？唉！反正已经钻进来了，就得冒险一渡。筏工呀，我这一百多斤，就交给你了。

正在思绪翻滚、憋气之际，一阵清风吹进来，筏工正从牛皮腿孔向里吹气，风小共鸣声却大；牛皮里空间渐渐扩展，以致两立方

■真正的"吹牛皮"

米许，能看见红红的太阳，听见围观者的笑声。原来，牛皮还是可以吹的，不吹，就成不了“船”，就使人窒息，就过不了河……

徐而，脊背上一阵忽硬的感觉，是筏工把我从河滩往水里拖，随后脊背一股柔软的凉意，皮筏浮在水面，清凉舒服极了。人影闪上皮袋，立即是波涛的拍击声，双手有节奏的划水声，两脚咚咚交替的击水声。我蜷缩在皮袋里，任浪涛将我抛上抛下。浪大时，我看见水花从头顶盖过的阴影，看见两手划动的频率加快，不由得对筏工产生敬意，也笑我前面的担心和怯懦。

筏工每天冒风雨、顶烈日几十趟地来回渡河，把物资、游人送上两岸，就连建桥的水泥、石料，也是这样日夜运去的。我头上的身影，不就是一座横卧黄河的桥身么？

我属牛，又在牛皮里，真是机缘巧合！

在黄河的怀抱里，在大地的怀抱里，在筏工勇武、悠然的情趣里，我好像回归于母腹中，真是人生最难得的体验。

美妙的十多分钟过去了，我被拖上岸，随即皮洞口解开，人们唤我出袋并投来亲切的眼神，是赞赏我这老头能以身试渡吧！

我还想再渡几个来回，无奈夕阳西下，筏工也该歇息了。众人叠起牛皮袋，放上架子车推回村庄。

传递几千年的野渡趣事，就这样结束了。烟雾飘游河面，像盖住了这篇史页。不过我们祖先智慧的创造，征服激流的气度，还飘逸在水面，也凝铸于大桥上，而大桥丰碑似的永远矗立着，让过往行人怀想无限。

远古悲剧

渡过黄河进入青海官亭镇。是隋唐至清代驿马奔忙、东进西出的官家暂驻之处，故名官亭。镇辖喇家村，坐落在黄河北岸二级台地上。400户人家的土族山村，竟一夜出名，迸出了考古界的惊世奇闻！

据考古专家蔡林海介绍，喇家村遗址，因早年出土过齐家文化大型玉璧和玉刀等礼仪重器而被重视。1999～2000年考古队两番发掘，获得了意想不到的惊喜。一条长600米、宽200米（最窄处10米）、深5米的环城壕沟，提高了喇家遗址的等级，成为3000多年前一个大型部落或王国存在的标志。文化遗址，面积竟在

■喇家遗址发掘现场

20 万平方米以上。先期出土的陶器、铜器、骨器、石器、玉器……其用途涉及生活用品、生产工具、装饰品、礼品等各个方面，可见齐家文化内涵之丰富，以及古人所取得的成就。

薄壁陶器的烧制温度可达 1000℃，规整的器形，纯正的颜色，都显示出很高的制作水平；骨器中的骨匕、骨叉等食具，与现在的西餐刀叉无异。

玉器从废弃的玉料发现，光洁平整的切割面，让人惊愕，不敢相信古人在 3000 多年前会有如此高超的切割技能！那么坚硬的和田玉，如何从新疆开采，自千里外转辗运到青海，再加工成各种玉器……即使现代人转换思维空间，也百思而不得其解。

喇家遗址早有一桩惊人的发现——黄河磬王出世。巨磬长 91 厘米，宽 61 厘米，厚 4 厘米，是目前中国考古发现最大的石磬，制作精美。依惯例称为“特磬”，是社会最高层使用的礼乐器，也是至高无上权力的象征。这“磬王”从哪里来，因何而产生？深沉、悠远的磬声，到底昭示什么？现在谁也说不清楚。只有它硕大的形象负载着无数远古之谜。

大量死亡者的骨骼，揭开了最惊心的一幕。4 号房址内赫然出现人骨 14 具，这座典型的齐家文化白灰面半地穴建筑，主室 14 平方米内，尸骨呈不规则姿态分布，有的匍匐在地，有的侧卧一旁，有的相拥而死，虽是封存了 3000 多年的一幕悲剧，现在仍令人惨不忍睹。让人极生怜悯之心的是处在东墙壁下的母亲和婴儿，母亲倚墙跪坐地上，右手撑地，左手紧紧搂抱着怀中的婴儿，脸颊紧贴在婴儿头顶，极力地用身体卫护着自己的骨肉。婴儿则依偎在母亲怀中，一双小手紧紧地搂着母亲的腰，露出极度的恐惧与痛苦的表情，无助的母子在无可奈何中死去。在与此相距不到两米的 3 号房中，也

■喇家遗址

发现了可能是同一时间、同样原因死去的母子骨骸，形态相似。母亲跪在地上，双手搂紧婴儿，脸面朝上，双眼仰望，像是在祈求苍天赐给她母子一条生路。让人感觉到一种求生不能的绝望。

众人（未成年者居多）同死于一室的原因，其说法不一。有可能是一场突如其来的意外灾难造成，有可能是一次特大洪水的侵袭夺去了这些无辜的生命，也可能是一次被逼的殉葬结果，也可能是一次残酷的大屠杀……无论什么原因，都令人痛心、深思。

“一世昌盛万骨抛”。喇家遗址，让我们看到 4000 多前的辉煌，也看到了人间最悲惨的一幕。

龙支城佳话

翻过祁连山支脉拉脊山，计程30多公里，便到古龙支城。据《元和志·鄯州》龙支县条记载："唐龙支本汉允吾县属金城郡，后魏初于此置金城县，废帝二年改为龙支县，乃至唐宋皆以此设县为治。"现为青海民和县古鄯镇。

古鄯曾地处古代军事要地，城扼古鄯贫地中端，南倚黄河屏障，北距唐长城边墙15公里。城的建构十分独特，只有东西北三门，而无南门，面积250余平方米，城墙高8米，厚4米，均为黄土夯成，顺墙体每40步伸出马面。从规模结构看，是古代专为屯兵、防御之用。

城内出土文物颇多，计有汉代彩陶盆罐，魏晋南北朝绳纹砖，唐代砖瓦、瓦当，开元通宝，宋代砖瓦、陶器，以及铁器、炉灰、粮食、兽骨、柱基石、雷石等等，一齐都讲述着几朝军事重镇的存在和变迁。

今天古城的残缺景象，并非自然应力的风化、剥蚀，而是人为造成的。当地农民，常年挖城墙取土，垫厕所、畜圈，然后当肥料种地。真是将历史遗迹视若粪土，施行愚昧的挥霍和破坏。幸得1988年被列为县级文物保护，避免了被挖光、撒进田野的命运，留下今天可见的三面残墙。

站在城墙上，已不见兵车、战马奔驰，只有拉脊山的农田入眼，梯田接天，麦浪金黄，洋芋油绿，组成一幅幅大气的田园画。正值麦收时节，男男女女在田野收割。手扶拖拉机、架子车、尕毛驴一齐出动，来往穿梭，运

■民和古鄯驿

送麦捆。村边小溪，孩子们在嬉水，打水仗，这是他们最愉快的时节；妇女们趁歇工间隙，忙着洗全家的汗褂，不时传出几声笑语；壮年劳力抡动杈，将麦捆垒成“金字塔”——待紧张的抢收完毕，才碾场入仓；老人们自然是承担做饭、带娃娃的后勤工作，把馍馍、茶水放在场边，坐在阴凉处欣赏儿子、媳妇的秋收劳作，露出忙里偷闲的笑意，任身边的孙孙吃着新麦馍，喝着盖碗茶，品享着丰收的滋味。这就是唐蕃古道上的现代田园风光，倒是有几分诗意。

古鄯镇西南有一七里寺峡谷，泉水流淌着有关文成公主的佳话。

传说文成公主到了龙支城，因一路车马劳顿，翻山越岭，地势越来越高，特别是日光强烈照射，竟患了皮肤病，脖子、脸上顿起一片片红疹，疼痒不止。经御医治疗毫无效果。他们虽然医术高明，但在长安哪见过这种病症呢？若用现代医学观点来讲，系“高原日光性皮炎”。束手无策中，只有请当地医生诊治，土郎中们胸有成竹，一边按民间医方为公主服药，一面又取七里寺泉水给公主洗疗。不过三日，便红斑全消，面美如初。公主大喜，重谢医生，又亲临七

■七里寺“药水神泉”

里寺命名“药水神泉”。

药水泉因此而名声大噪，人们从四面八方涌来饮泉水祛病。年复一年，便形成喝水、洗浴节。如今每年端午、六月六，七里寺泉边，人群如织，排队汲水。有的带着帐篷住在峡谷或坡地上，长年累月地喝水治疗。经化验，药水含铁、铜、钾、镁、铬、碘、锶、硫、钙等诸多对人体有益的微量元素和矿物质。确实有健脾、消食、杀菌、治疗皮肤病的功效，成了治消化、皮肤病的专科“自然”医院。

马厂文化寻根

自古鄯北行 38 公里，到达青海东部门户民和县。从民和官亭、享堂一带至日月山下，400 多里的河湟地区，称为青海东部，属青藏高原与黄土高原的过渡地带。海拔在 1700 ~ 2600 米，气候相对湿润，田园风光比起秀雅的南方，更显得起伏多姿，疏朗大气。古始以来，成了青藏高原多民族（古戎、羌、吐谷浑，以及汉、藏、土、回、撒拉、蒙古族）生息、发展聚居区，文化积淀十分丰富。加上古丝绸之路南道与唐蕃古道贯穿其间，又成了高原文化与中原文化，乃至中西文化交汇、融合的阳光地带。所以，进入青海东部，就走入了一个彩陶王国，进入古今宗教文化长廊，进入了多民族风情、习俗的“富矿”区，还是先从民和县马厂塬谈起吧。

马厂塬是以马家窑文化马厂类型（距今约4000年）

■彩陶人形浮雕壶

的发现命名的。由瑞典考古学家安特生于 1924 年来此考察发现并定名。全县各乡、村都有丰富的古文化储藏。仅 1984 年成立县博物馆以来，迄今已收藏各类文物上万件,有十个文化时期的文物陈列。诸如旧石器时期的龙齿、龙骨、象齿化石；仰韶文化的陶环、陶轮、陶器；马家窑文化的双耳卷花陶壶；半山类型的彩陶壶、彩陶喇叭；马厂类型的各种彩、素、粗陶器;齐家文化的单把鬲、玉器;以及辛店文化、卡约文化、唐汪式文化陶器，秦汉至清代的铁器、铜器、瓷器等等。数量之多，代表时期之长，堪称国内县级博物馆之最。

馆藏的稀世珍品：高足彩陶缸高与口径同为 16 厘米，肚饰圆形花纹，脚绘环形彩花，特别突出的双耳上还有两个小圆座，为本馆所独有；四足陶豆妙在以人的四足为支底，令人耳目一新;素陶变形人像壶，造型朴拙，如挤扁状，特别是壶肚上活生生摊开一个男性人体，却又似女性生殖器官，使很多专家饶有兴趣，又大为不解其立意，诠释各一，最一致的认识是稀世之宝；彩陶喇叭长近半米，口径 3 厘米，据专家说，乃

■方形彩陶器

4000年前原始社会的多功能乐器，不但可吹，也可绷皮当鼓敲。中国这最古老的乐器，把人带入原始社会的音乐氛围中，感受到马厂人围看篝火载歌载舞的旋律，目睹原始部落人群吃着烤野牲肉的彻夜狂欢。微型陶罐比指甲盖略大点，罐高2厘米，口径1.2厘米这样的陶罐令我开眼。秦代羽人瓦当，瓷盘上一个双翅飞人，表情自若，大有上穷碧落之概，似是表达着原始人对天的崇拜和探求的科学萌动，难怪一位美国专家见了连声惊呼："没见过，走遍世界各大博物馆都没见过！"

浏览了众多的绝妙陶器，自然想去马厂塬寻根，拜谒这个文化发祥地。驱车出城东去约10里，见"全国重点文物保护单位马厂塬遗址"标志碑矗立村中。现住200余户回、汉、藏族人家，皆是清末民国初期陆续迁来的，说是4000多年前，羌人在此地牧马，死后又变成墓葬地。遗址面积达15万多平方米。北临黄河主要支流湟水，台塬高出河面几十丈，景色绝佳。我们如进宝山，马厂类型、辛店文化的彩陶碎片，俯拾即得：由于自然风化作用，原始人的骨骼残肢也从坡土中显露出来，新石器时期的石刀、石钵、石蛋也不难捡到，就连曾经铺地种瓜的石子里也有石器遗存。可见文物埋藏之丰富。

走在宝库上，一步一流连，心中也难免泛起一丝酸涩。面对残陶、石器，仿佛是历史的残旧，对我们道出难忍的悲凉。

马厂塬称得上古迹叠古迹，风景摞风景。湟水迤逦东来，大通河扑出祁连山，在山脚下汇合，汹涌而过；两岸绿树良田，斑斓如画，民和古城隐现在霞光雾气中，更显清新与庄重；唐代长城、边墙断断续续在塬上东部矗立，凝结着古之幽思……古今交织的风光使人不忍离去，内心情愫，说不清是高兴还是慨叹，什么时候才能让这么丰富的古文化遗产重见天日，向世界展示自古羌人以来的生活历史呢？

柳湾，一个彩陶王国

柳湾对很多人来说也许还是个陌生的名字。然而它却是我国迄今考古发现中规模最大、包含文化类型最多、保存又完好的一片原始氏族公共墓地。若非1974年柳湾村民挖渠、修梯田发现——与临潼兵马俑出土有异曲同工之妙，也许这惊世、巨大的古文化遗存，至今还隐匿地下。已发掘墓葬1762座，墓地面积达11万平方米，出土马家窑文化半山类型、马厂类型、齐家文化、辛店文化文物37500多件，其中彩陶就近20000件，故被誉为青藏高原的“彩陶王国”，其特色、数量，可以用丰富、美丽、神奇概括之。一一诠释着3000～4000多年前，古羌人部落在湟水流域，西宁—乐都—民和一带聚居规模之大，农耕文化水平与中原社会发展阶段处于同步期。

距乐都县城17公里的柳湾村，杨柳依依，自古森林茂密，北靠祁连山支脉，南对滔滔湟水，台地海拔1980余米，干燥、向阳，紫外线杀菌力较强，宜于尸骨保存，

■柳湾彩陶博物馆内景

先民们以此作为入土归宿，实在是颇有见地的“风水”选择。

柳湾墓葬从东到西分四个区域，东区以半山类型为主，西区以齐家文化类型为主，中区则以马厂类型为主，北部高处以辛店文化为主。葬法有单身、合葬两种，合葬较少，一般两三人，多至七人。棺木为长方形、梯形、独木棺，内外随葬陶器几件至十几件不等。墓穴大小和陪葬品的多少，说明被葬人的身份和社会地位。各个时期葬法不同。

半山类型（公元前 2600 ~ 前 2300 年）的多人合葬墓，人的骨架多为上下叠压在一起，上层骨架与下层骨

■被发掘的墓穴中有大量的彩陶陪葬品

架之间没放置任何隔离物。被埋葬的人有男有女，有老人也有小孩，年龄悬殊，似是两三代人埋在一起。这种以血缘关系密切的家族成员共埋一墓，说明是以母系为中心的亲族合葬。

马厂类型（公元前 2300 ~前 2000 年）的合葬墓就不一样，有成年男女合葬，成年人与小孩合葬。多为并排葬。

到了齐家文化时期（公元前 2000 ~前 1600 年）的合葬墓葬式又有新变化，成年男女合葬虽是并排葬，但男女安葬姿势却迥然不同，

■墓穴中的彩陶陪葬品

男的多仰卧直肢，并有木板葬具；女的则多为侧身或仰身屈肢，并无葬具。从这种夫妻合葬墓反映出当时社会发展已经进入父系社族阶段。其婚姻形态已是一夫一妻制了。

专家对被葬姿势研究认为，俯身葬的意义是出于对土地的崇拜，俯身向地借以表达对土地神的膜拜和感激；仰身葬的意义，则表现对天的崇拜。这种葬式流传至今，虽然已成一种习惯，不含任何宗教色彩，但它的起源可以追溯到原始社会。屈肢葬的意义有几种解释：一是根据人们的睡姿多为侧身而来；二是因为胎儿是在母体里屈肢成团而来；三是对方位、风向或太阳东升西落的崇拜而来……总之，从屈肢葬的朝向极有规律，可看到先民宗教观念的影响遗存。

半山类型初期的石器随葬品，有石斧、石钵、石凿、石刀等生产工具，大都用石英岩、火成岩、变质岩磨成，比较粗糙，说明当时社会处于新石器时代，祖先在这里从事着粗笨的劳动。

马厂类型以后，石器器形更加完整，棱角分明，通体磨光，也有了石、陶纺轮，骨针等纺织工具，以及珠串、绿松石、石臂饰、海贝、石贝等装饰品。特别是石贝，乃仿海贝形状制成，一端穿孔。它既是装饰品又是物品交换的媒介物，和海贝一样，起着货币作用，已露出货币交换的初端。石臂饰的直径较小，6~7.4 厘米，可能是从小就套在前臂上，不是成人后能佩带得上的。可见4000年前人们不仅喜欢打扮自己，而且审美、爱美观已具有较为持续的传承性。

不同的生产、生活用具，反映出不同时期的文化发展层次。柳湾出土文物以彩陶最多、最美，是重场戏。从陶器的造型、装饰特点、精细程度，将马厂、齐家文化映衬得十分灿烂。经专家们★多年研究：半山类型典型陶器有双耳罐、盆、小口彩陶壶、鸭形壶、侈口彩陶瓮等。简单的不对称“十”字花纹与盆边黑色条纹相统一，整个样式和色调朴实大方。盆边四个白孔与花纹在不对称中求得变化。仿佛看见原始人在制作盆器时用尽心思的神态。单耳彩陶壶，口小、直颈、圆腹、平底，由深色大块锯齿形花纹装饰，再夹杂简单的图纹，有饱满大方的效果。在运用线条对比方面，取得了很大的成功，旋涡纹的流动曲线和网格纹的直线，取得了曲与直、动与静的对比美。

波纹彩陶罐，也是早期文物，开口适中，腹大底平，弧形，花纹潇洒别致，锯齿花纹如龙蛟戏波，罐形上虽变化不大，但花纹已显露出技巧娴熟的端倪。

图案饰于何种器物已有一定规律，平行条纹多见于彩陶壶的颈、肩、腹部；旋涡纹或画面呈葫芦形，内加饰菱格纹等的葫芦形纹饰于彩陶壶、罐的肩腹部；彩陶盆、钵的内彩亦极为丰富，外彩的主要纹样在内彩几乎都能找到，且色彩鲜艳，设计奇巧。它已摒弃了马家窑类型的写实手法，而转向写意和图案化。

马厂类型陶器（公元前2300 ~前2000年）彩陶艺术极为发达，出土数量之多，纹饰之复杂多样，均居同时代含彩陶原始文化之冠。

★　本文沿用了任晓燕、许新国、刘春城、刘溥、尚民杰、彭云、马兰等专家的研究成果，特此致谢！

■蛙纹彩陶壶

彩绘既继承半山类型基础，又有发展，形成自己的风格。在彩陶器的腹上部往往先施一层红色或紫色陶衣，于其上以黑为主，绘制纹饰，也有黑红两彩兼用。主要纹饰有圆圈纹、平行条纹、锯齿纹、三角线纹、回纹、雷纹、曲线纹、串珠纹、叶脉纹、菱形纹等。单独纹样之多，纷繁瑰丽，达 500 余种。表现技巧从具象进步到抽象。如蛙纹嬗变为似蛙非蛙，拟人化的手法突出，有人称为蛙人纹或人形纹。马厂类型彩陶不仅彩绘构图有较多变化和创新，而且彩陶造型亦更加多变、新颖。如人首罐、人像彩陶壶、提梁壶、葫芦形罐、双联罐、方型器、带盖敛口壶等都是别具匠心的新作品。人像彩陶壶是我国目前发现最早、保存最完整的陶质人体全身塑像，巧妙地利用壶体堆塑出一位孕妇形象，憨态可掬，硕耳巨口、高鼻梁、矮短身躯。尤其突出的性器官，寓意深刻。晚期图案结构简化，走向疏朗、简练的风格，用笔刚健、洒脱。

齐家文化时期在前人基础上，造型有所增加，除陶罐、陶碗、陶盆、陶壶外，人面形、裸人形陶壶，把浮雕运用在制陶器上，不能不说是柳湾原始人在艺术个性上的一大突破。

大肚陶壶，似男又似女性，面部表情生动、沉稳而憨厚，配上圆圈形花纹更有兴味。仿佛坐在那里，出神地思考什么，是悲哀，是隐忧，是不可言状的欢乐？都是又都不是，极富个性。猫头鹗面陶瓮，具有猫的面部轮廓，既像絮絮叨叨的老太婆，又像一头欲哮山林的狮子。最妙的是五官挤成一线，仅占头部的七分之一，极富表现力，紧紧吸引观者思绪，围绕它想象飞驰。

这些人形陶器，姿态生动，意趣盎然，既是一种实用的生活用具，又是可供欣赏的艺术品。

特别是裸体人形陶器的出土，无异于爆一声惊雷。塑造上有意地突出了性器官部位。初看以为是男性，再看又似女性，细察兼有两性特征，乳房有大、小两对，真是不男不女，又男又女。它的含义是什么？令人费解。这件陶壶以它的神秘、独特性一时成为奇闻，轰动了整个文物、考古界。

齐家文化的制陶技术比马厂类型更有进步。如双耳陶罐的内壁上留有清晰的轮旋痕迹，可见出现了慢轮制造技术。同时也出现了薄胎陶器，器形规整，陶胎厚薄均匀，从其工艺要求高分析，已经出现了固定陶工，可见在柳湾当时的社会职业分工开始走向专业化。

在柳湾发现的辛店文化（距今 3000 年左右）墓葬虽然只有 5 座，陶器比上述类型也较少，但彩陶靴子的出土，却是制靴史上了不起的成就。陶靴的筒高 11.6 厘米，底长 14.6 厘米，壁厚 0.3 厘米。为

■专家们正在修复彩陶

夹砂红陶质，通体施紫红陶衣并绘以黑彩。且以双线条纹、竖线条纹、波折纹、三线条纹饰于靴勒、靴帮、靴面。这件陶靴虽然是一种容器，或是一种摆设、装饰品，但它的造型应是当时古代先民穿靴的直接反映，可见3000年前的制靴工艺水平。

国外一些研究者认为，远古时代（2万年前）虽然人们已穿用简陋鞋子，但是直到古埃及、古希腊和古罗马时期，制鞋手工业才开始具有明显的文化和经济特征。据拉尔夫·布赖恩编的《制鞋和皮革百科全书》记载，最早反映古代手工制靴的是公元前1450年的古埃及壁画。公元前1500～1100年的古代埃及，出现了专门为制靴匠们建造的纪念碑。

柳湾先民早于辛店文化以前，何时穿靴、制靴，有待考证，但这件羌人作品足以说明其独特与唯一，与新疆楼兰出土的羊皮靴（距今 3885±95 年）一齐向世人证明，中国制靴在世界最早，而且工艺均已达到相当高的水准。

深山故宫——瞿昙寺

乐都县位处湟水河中下游，历史悠久，汉宣帝神爵二年（公元前 60 年）置破羌县，东晋末年南凉吕光置乐都郡，秃发氏曾在这里督建南凉王国。唐时置鄯州，是陇右节度使住所。宋改邈川城，明初置碾伯耳，清改为碾伯县，1929 年青海建省改为乐都县。气候温和，土地肥沃，古来就是先民繁衍生息之地，又是青海地区文化发达、建置较早、名胜古迹较多的县份。自唐以来，很多诗人如杜牧、令狐楚、张乔、罗邺、司空图、张恩、杨应琚、吴栻等为乐都（古称碾伯）写下不少诗篇。其中以杨应琚（曾任碾伯县令）、吴栻（碾伯举人）的诗最切合当地实际："巨石斜横碧水涯，石边松下有人家。春风不早来空谷,四月深山见杏花。"脍炙人口,为大众传颂。勾勒出一幅美妙的田园山水画,是杨应琚描写《乐都山村》清新优美，沁人心脾之作。

自乐都向东南行 21 公里，经盛家峡，两边怪石托出"金龟饮水""骆驼队峰""鲁班锅底"等景象。至马圈沟口，宏伟、宫殿式的瞿昙寺矗立面前。若非身临其中，谁也想象不到荒僻的深山里，竟会有如此巨大规模、建造精美的古寺！

瞿昙寺始建于明洪武二十五年（1392 年），历经太祖、

■瞿昙寺全景

惠帝、成祖、仁宗、宣宗五代皇帝，历时36年（1392～1428年）建成。寺院面临瞿昙河，背依罗汉山，修建在方形土堡中，占地1.5公顷，建筑面积达1万多平方米。总体布局为前、中、后三进院落，从山门起的中轴线上，依次为金刚殿、瞿昙殿、宝光殿、隆国殿等大型佛殿。两侧对称地陪衬着御碑亭、小钟鼓楼、回廊、宝塔、配殿、经堂、大钟鼓楼等。形式各异的殿堂，石绿色的装饰彩画，古朴的斗拱，构成明代早期建筑风格。寺院地势高低错落，殿宇雄伟壮观，又是典型的官式群组建筑，可以说是北京故宫的缩影。故当地民间谚语云："看了瞿昙寺，北京不用去。"意思是从瞿昙寺就能大概了解北京的故宫建筑。

这是一座受明王朝扶持恩宠的寺院。从一座三罗喇嘛（桑儿加查实）的小佛堂，一跃而成西北大寺，自有历史原因。史学家谢佐先生告诉我：明朝洪武二十五年（1392年），朱元璋派兵到青海北部一带追剿元兵残部。当地藏族人也跟着游斗，形成混乱局面。三罗喇嘛凭借声望，写信招抚，使藏族部众归顺了明王朝。不仅使青海地区结束了因改朝换代造成的混乱局面，也使朱元璋认识到了以三罗喇嘛为代表的宗教势力，以及其在青海

■立于中院四角的镇煞塔

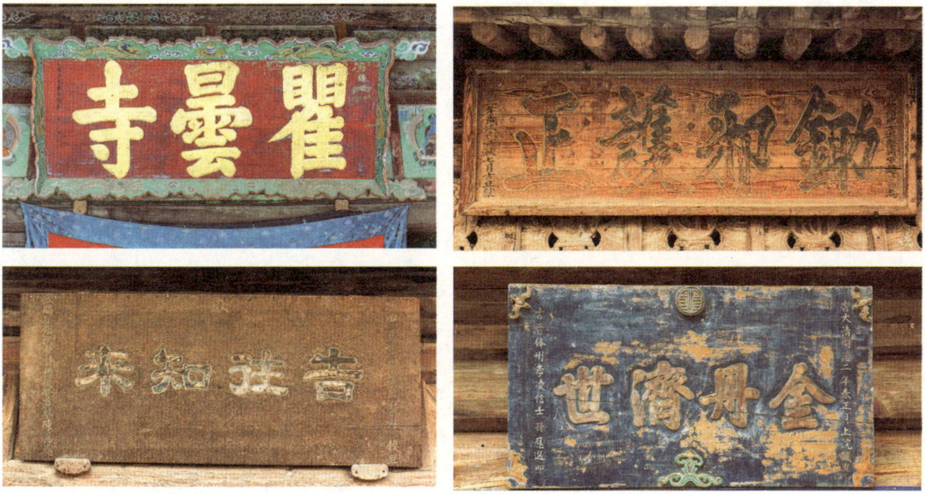

1 | 2
3 | 4

■ 1. 明洪武二十六年（1393 年）朱元璋赐名“瞿昙寺”匾额
■ 2. 明崇祯二年“锄邪护正”匾
■ 3. 清同治元年“告往知来”匾
■ 4. 清同治二年“金丹济世”匾

地区的作用和地位。翌年（1393 年）三罗喇嘛去南京进贡并请求朱元璋对他的寺院（其实是一座小佛堂）给予护持和赐名。朱元璋欣然答应，敕赐瞿昙寺匾额（以释迦牟尼族姓为寺命名），下令拨款建寺，同时封三罗喇嘛为西宁僧纲司都纲，确立了三罗喇嘛在西宁卫的首领地位，大加推崇。在明王朝的 13 代皇帝中，曾有 7 个皇帝为瞿昙寺下达圣旨 7 道，诰命 2 道，封西天佛子大国师、国师、都纲头衔，颁给金印 1 颗，镀金印 1 颗，象牙图章 2 方，铜印 1 颗，陆续扩建殿宇 4 座，及厢廊 72 间，碑亭2座，另有禅房、僧舍、寺立庭院、佛塔等，立御制碑刻五通。赐瓶炉香案、钟鼎磬鼓，佛像袈裟等物多件，明王朝还多次派太监、官员到寺视察，并赐山场、园林、田地甚广，还调拨52员旗军护寺。真可谓恩宠有加，红极一时，盛极一方，在青藏高原上的地位十分显赫。明朝统治者们并非笃信宗教，而是找到了一个替自己怀柔边疆少数民族、巩固西陲统治的好帮手。

随着明朝的衰亡，瞿昙寺也从兴盛了两三百年的顶峰上滑落下来。特别是因罗卜藏丹津事件的株连，清朝取消佛差，命“粮入大仓，民归县”，将瞿昙寺所管辖的信民、田园和土地划归碾伯县府，并对入寺僧人做了限制。从此朝廷停止了对瞿坛寺的赏赐，免除了七条沟农民向寺院交的粮草和赋税。使该寺僧众从500人减至300人，

■宣德年间的大钟

最少到60余人。

明朝那时，修一座殿，立敕谕碑一通“特令主持瞿昙寺官员军民等务要各起信心尊崇其教，并不许辱谩欺凌其常住，一应寺宇、田土、山场、园林、财产、孳畜之类侵占骚扰，若有不尊朕命，故意生事、侮谩欺凌，以沮其教者，必罚无数”等命令。保证的特权，也因江山易主而作废。“自是中国之人往使西域，及西域之人入朝中

■象背云鼓

■瞿昙寺的明代壁画

国者，至此而欲摅诚微福，有归依之地"，也顿时香火冷落，甚至有避道而远之之势。那多次请进京都，皇帝召见的殊荣，早已成为过去，没有了皇家的保护伞和"尚方宝剑"，瞿昙寺便只能在自生自灭中挣扎。

原本属藏传佛教噶举派寺院的瞿昙寺，当明末时格鲁派崛起后，虽改宗格鲁派，也无济于事。宗教活动中心，转向塔尔寺，至今不衰，恰恰说明，无论何事（包括宗教），不扎根在民众心中，也是难以持久，纵使有皇权撑腰，也不过一时之荣，在历史长河中，浪激一瞬而已。

抛开兴衰荣辱，瞿昙寺留给后人的文化遗存，还是

特别丰厚和极有价值的。

酷似故宫的建筑依然宏伟、壮丽；檐下和殿内的古佛、菩萨、佛座、莲台、圆藻、雀替……工艺精巧，彩绘鲜丽。那些御赐匾额、碑刻铭文，金、银、象牙印章，都十分珍贵，确实是隽美、遒劲、飘逸、端庄、高雅的艺术品。就是那宣德金铜大钟，虽没有了昔日“瞿昙的钟响，化隆的马惊”传播几十里的宏声，静静地挂在楼上，也透出雄沉的古文化遗风；“象背云鼓”背了600多年，已不见从“云中震落鲜花，象鼻衔来吉祥莲花”，令官员拜鼓的场景，但其宗教内蕴和集石雕、木雕、制鼓技艺于一体的完美结合，也令今天的艺术家们赞叹崇敬！件件都是文化瑰宝。特别是“七十二间走水厅”两厢廊内的51间壁画（长138米，总面积1400平方米）乃反映释迦佛从降生到圆寂的连环画，共44段故事，以及全寺各殿堂的大小墙面的彩绘壁画和装饰图，色泽鲜艳，人物景象生动，场面宏大、壮观，都是稀世珍品。“隋唐壁画看敦煌，明清壁画看瞿昙”之说，道出了瞿昙壁画的地位和价值。

面对深山“故宫”，我们不仅读它一段政治、宗教史，就像参观北京故宫，不单是看明、清王朝的兴衰历程，而是当一份丰富的民族遗产接受，获得多种陶冶和领悟。

瞿昙寺的御用功能早已结束，可人民创造的文化艺术却永远辉煌。

河湟『花儿』会

青海是歌舞的海。世居的汉、藏、回、土、蒙古、撒拉等民族，人人能歌善舞，故有“会说话就会唱歌，会走路就会跳舞”之喻。歌成了人们生活中之必需，劳动唱、休息唱，无论喜乐哀愁，繁忙轻松都离不了以歌声表达心意！

特别是每年七八月份，“花儿”会、纳顿会、那达慕会以及各种庙会，人山人海地陆续展现在三江大地上，成了青海各民族的歌舞节、狂欢节。

这时节，“花儿”会在河湟谷地到处铺开，甘、宁、青一带的汉族、土族、回族、撒拉族、藏族、东乡族、保安族男女老少，趁农活较闲，百花盛开的时机，涌向

■对歌的热闹场景

附近的歌墟会场，开始了几天日落歌不落的对歌、盘歌活动。他们不分民族、老幼，以传统的100多种曲（令）为谱，即兴填词，歌唱生活，抒发感情，彩色的人流铺山盖岭，高亢悠扬的“花儿”漫天盖地。如此盛大，家家空户，人人竞唱的全民歌会，在中国实属罕见。

关于“花儿”会的来历，说法不一。乐都一带流传的佳话：清朝同治年间，一股土匪来抢劫瞿昙寺，寺院围墙厚实坚固，又有僧兵和民众守护，土匪难以得手，只得将寺院包围，每天轮番进攻，达40天之久。眼看寺内弹尽粮绝，要被攻破之时，突然在寺院围墙上出现一些青年男女，穿着鲜艳的民族服装，唱起了“少年”，对歌声浪此起彼伏，高亢悠扬，全然不把土匪放在眼里。土匪们被歌声镇住了，想不到围攻了40天还如此神气十足，肯定寺院粮草充足，箭弹甚多，再攻也是白白死伤人，又顾忌官兵赶来，土匪们不但停止攻寺，还急撤兵而去。以歌声（漫“少年”）保住寺院的日子（农历六月十五日），

■赶“花儿”会途中

就成了传统的“花儿”节。

在老爷山至五峰寺一带的土族地区，又流传着这样一个故事：几百年前（大约是明代），每年六月初六，一个土司便骑马前呼后拥地下乡“察青”（看庄稼长势），盘算秋后能征收农民多少粮食，明目张胆地抢夺漂亮民女。每到这几天，女人都不出门，非出不可的，则故意抹一脸锅灰，穿得破破烂烂。土司来到五峰山下，见一个姑娘在坡上哭坟，虽然身着重孝，却掩不住美丽面容。姑娘人称花大姐，是有名的歌手。三天前她的恋人是从土司牢里抬回来的。她一见仇人，仰起泪脸，歌声像冰雹似的劈过去：“土司好比白眼狼 / 把穷人当成了绵羊 / 剥皮吸血受孽障 / 穷阿哥活下的难怅。”花大姐知道性命难保，一气不歇连唱了三天。乡亲百姓赶来，听她唱，和她一起唱，抒发心中的愤懑。

花大姐为了不受土司凌辱，毅然跳下山崖，留下“花儿”回荡山涧：“三尺的白布染红了 / 红花儿山岭上开了 / 不死的尕妹我来了 / 血身子把阿哥陪了。”人们为了纪念花大姐，每逢六月初六，便聚到山上唱“花儿”，“喊”出心中的爱与愁。

■对歌的热闹场景

赶"花儿"会的人潮，把绿林青坡点缀成了花山。各种奇花仿佛一夜被春风催放。这花，不是嫣红的牡丹，而是土族的花衫；不是洁白的雪莲，而是回族的凉帽；不是绛紫的马兰，而是藏族的褐衣……男女老少，随心所欲，结集成群，围成花环，掀起一个个对歌的浪潮。"花儿本是救命丹／不唱心像油锅煎。"好急切的参与意识，"石头崖上的穗穗草／风刮（者）摆到天边哩／身材不大模样好／心肠儿盖天下哩！"热情地赞扬，大胆地讨好；"沙枣树栽在沟沿上／花瓣儿落到个水上／连维三年没维上／这一回豖命豁上。"强烈的追求，至死不渝；"井里头打水（者）绳断了／豖巴桶落了底了／阿哥们阿么答不上话／你走吧，我不说你难心的话。"大方地挖苦，对不上的只有悄悄退到一边听歌的份；"夜观兵书的刘伯温／头枕上袍袖（者）睡了／你俩好了我撤了／斟酒（者）再不能醉了。""梁山上一百单八将／仁义（者）不过宋江／是一座刀山我俩上／油锅里一处儿跳下。"以历史传说为比兴，相互问答，表明心迹……唱词随唱随编，人人出口皆诗，从古至今，从神仙到英雄，天文、地理，内容广泛，借优美的令儿（曲牌），如红牡丹令、豖马儿令、大眼睛令、好身材令……一二百种曲令唱出来，确实动人之极，如火炽热。

当太阳下山，月亮出来，花山歌村被笼罩在迷蒙的雾气中，这时“花儿”会进入了一个神奇、充满浪漫的境界，特别是青年男女，白天在听歌、对歌中，相互产生的爱慕之情，开始进入又一种微妙的感觉。只见人影绰绰，一对一对地隐入花丛、树荫中，歌声虽然不如白天炽热，却是低婉、缠绵，把情人们慢慢地拽近了。按照民族习惯，男女互赠信物，然后双双朝树荫深处走去，尽情享受爱情。身后自有花草替他们掩盖那神秘的踪迹。此刻，醉了月夜，甜了树丛，羞了山花。我们在心中，默默为他们祝福良宵。

第四章 古风中崛起的城

陛下平定四方。日月所照。并臣治之。高丽恃远。弗率于礼。天子自将度辽。蹀城陷阵。指日凯旋。虽雁飞于天。无是之速。夫鹅犹雁也。臣谨治黄金为鹅以献

■白马寺远眺

小小白马寺有看头

从乐都沿湟水进大峡，至离西宁仅35公里的平安驿。远远望见一座红山如佛，头顶青天，脚踏湟水，威立北岸。当地老乡们说山体是如来佛化身，其实是第三系高山被风雨霜雪几千万年雕刻得像神似佛罢了。白马寺就依偎在这如佛之山的怀抱里。几间僧堂、佛殿显得那么矮小，仿佛嵌在崖壁上的积木。

我们向寺殿攀登，山门下，一石佛盘腿趺坐在崖框里。从形象看，是唐代作品，佛的整体由一块花岗岩雕成。高3.5米，身宽2.5米，左手托钵置于腹前，向外推出的右手掌长1米，宽达80厘米。这种不成比例，特别突出手掌与肩宽的造型，在唐蕃古道上的寺庙塑像中，可是唯一一尊。佛面憨厚，透出粗犷性格，简直是当地山民的化身。和一般寺院里供奉的面圆、耳大、慈祥端庄的如来佛完全两样。

据村里的藏族人讲，这佛奇就奇在右手推掌而出，给全村推挡了灾难。这段湟水河即使洪水再大，也没淹没过农田村舍，山上滚下的巨石，也从未滚进村里伤毁过人畜和房屋。这些灾难都是佛掌推开的，说得煞有介事，活灵活现。其实这一带河面很宽，每年洪水一泻即逝，不会淤塞成灾，而第三系红色沙砾岩转石，也因质地松散，不可能滚进村庄，虔诚的山民却把这幸事，归功到山佛头上。

白马寺的来历颇有传奇色彩，庙官根登达日吉喇嘛讲，公元9世纪中叶，西藏有个拉隆喇嘛，是一个神箭手，十分憎恨藏王朗·达玛的暴政和灭佛运动，他射死了朗·达玛，骑一匹白马逃走。为了摆脱追捕，他以黑泥涂抹坐骑，身着白色衬里的红袈裟，逃到黑河，眼看追兵将至，他跃马下河，

■白马寺

激流洗净马身上的黑泥，他又反穿袈裟，追兵看见白衣者骑着白马渡河，以为不是刺客，便没有射杀他。拉隆跑到青海平安驿，看见如来佛背依天穹，似乎在招呼他，领悟到是如来佛保佑自己脱险，便下马叩拜，并在此建寺修行。后人取名白马寺。

经查证史书，原来是西藏曲卧日山修行僧玛尔·释迦牟尼、藏·饶塞等人，为了躲避吐蕃赞普朗·达玛禁佛，携带经卷逃离西藏，取道新疆来青海居于此地。寺名“玛藏观”。宋初西藏后弘鼻祖喇钦·贡巴饶赛也来此，后弘佛法，于公元975年去世。他在该寺自觉化众，开启后弘法道，故名“觉化寺”。无论传说与史载，白马寺的建立与朗·达玛灭佛运动有关，成为反对灭佛运动与振兴藏传佛教的据点。

寺名真正的由来是明万历十二年（1584年）第三世达赖喇嘛去佑宁寺等地途经此地时，坐骑白马死去，遂在寺窟塑造白马一尊作为纪念，故该寺易名“白马寺”。1980年第十世班禅大师额尔德尼·确吉坚赞视察青海时，曾在白马寺举行过宗教仪式。

“白马寺”庙小，僧少（仅2人），却得到古今高僧、大活佛们的重视，平时来朝觐的藏、汉、土族群众也不少，除上述诸因素外，尚有更深的内蕴值得探究。

众神跳舞保平安

佑宁寺位于互助土族自治县东北30公里处。建于明万历三十二年（1604年），至清康熙年间，已拥有大小经堂、僧舍、昂欠等2000多座院落，僧侣7000多人，成为安多地区第一大寺。因其管辖属寺在青、甘、新达50个，被誉为“湟北诸寺之母”。雍正二年（1724年），由于属寺郭莽寺僧侣参与罗卜藏丹津反清事件，祸及母寺，被清兵烧毁，却藏、丹麻二活佛被“正法”，寺僧所剩无几。雍正十年（1732年）敕令重建，皇帝题额“佑宁寺”，规模已大不如前。同治五年（1866年）雪上加霜，寺院再次毁于战火，虽于清光绪时代历时15年重建，景况也今非昔比，僧侣不过千人。年年正月举行祈愿大会，其中初八、十四、十五“观经”日，颇具民间性，深受百姓喜爱。我们当然不放过这好机会。清晨上路，天公作美，大

■佑宁寺大经堂

■佑宁寺信众

雪纷飞。土族民谣云：正月十五雪打灯。才十四，就把“雪灯”高高挂起来了。高原雪景使同车人激动得不断叫绝，我想：雪大，可能“观经”人不会太多。

谁知愈近目的地，赶会者多得惊人，步行、骑马、骑牦牛、乘手扶拖拉机和汽车、推自行车的各色人群，从四方络绎不绝地向会场涌去。尤其夺目的是土族妇女身着七彩花衣，如雪地上升起的彩虹；藏族男女以紫红长袍、花边氆氇、狐皮帽、金银玉器首饰在洁白世界中燃起火焰般的温暖……雪野上，无数条彩河在流动。

见此情景，摄影家郑云峰跳下汽车，追着土、藏族妇女大抢镜头。在2500米的雪原上来回奔跑，他多次跌倒，成了一个“雪人”。回到车上，兴奋得直喊，太美了！我谑笑他，一见漂亮姑娘就穷追不舍。

寺前广场上，已有上万人围观。我们在住持赵喇嘛帮助下，穿过“重围”进到场内，看诸神舞蹈，全窥了整个“观经”仪式。

长号声中，法鼓骤响，四个身穿白袍，戴骷髅面具，持刀举棒的甲士跳上场来，舞姿粗犷活泼。他们是神的前卫，跳的是“四大洲”，为的是扫清四方道路，好让真神出现。

真神出场,藏语叫跳“茫莽”,即出全神之意。15个人戴着代表天、地、人、海神的牛头金刚，骡子天王，南色天王，鹿羔、乌鸦、牛王、海鲸、关羽等各色面具出场。

乌鸦在藏传佛教中,并非不吉祥的象征。它负有请神、传信使命,又表示众神黑压压地到来。15个神模拟战斗动作，和邪恶、鬼怪搏斗直至全胜。目的是为国家消除战乱,替百姓消灭水、火、旱、病等灾。

第三批也是15尊神，跳“赞康前巴”（护法神舞），其内容是弘扬萨迦派法力无边，佑四方平安。

第四批13个神跳“唐前巴”。均着黑衣黑帽，持七星宝剑，口念咒经，围着“扎果施食”跳唱。所谓“施食”是用糌粑、酥油做成二尺多高的紫红色架子，而“扎果”则是捏的面人，四周有上百个骷髅头，并以肠子盘绕，它代表一切妖怪、恶人。这13个神就是要把天下恶人、妖怪都收服在“施食”和“扎果”上，一并消灭之。这是“观经”活动的重场戏。装神的13个喇嘛，从腊月二十三日起念经7天，连吃饭都不出经堂，与外界隔绝，修炼法术，积蓄力量，以便今天能战胜天下魔、妖、鬼、怪。

打“施食”的场面最为壮观,先由“唐前巴”领头神,把“扎果”斩成数段，然后送到护法殿前草棚中烧掉。长长的队伍出发了，4个护法神开路，4个喇嘛吹螺号，8人抬近丈长的长号，4人专司吹奏，10人吹喇叭,8人吹牛角号,8人打大旗,4人抬“施食”,1人端“扎果”,均以手巾捂嘴，以免秽气、恶气、妖气吸入体内；80个跳神者随后押送;殿后的是鼓队、钹队，浩浩荡荡，在震天鼓乐声中，缓缓进行。

沿途老幼，以妇女居多，跪在雪地两旁，磕头、合掌念经，有的还撩起“神”的袍子抚摸，不忍放手，像迎接真神下凡。据说这样可以祛病、免灾、除难，总之参加这次拜神后，一年都会吉祥如意。

烧“施食”的草棚，早被团团围住，人们争看恶人、恶事、恶魔怎样被毁灭，观瞻了这一幕，就等于身边的恶事全消。大喇嘛挥动拂尘，念《金刚咒经》后，“扎果”“施食”被扔进草棚——火光冲天而起，鼓乐齐鸣，人群欢呼，邪恶已除，一年平安。

“观经”活动结束，人们去寺院上看佛、拜佛、布施；上万人散布于寺前林中，喝酒、叙旧、谈情、相亲、销购物资……直到下午才向各方散去。雪已霁，道道彩虹向各条沟壑流走……只有郑云峰端着摄影机，还在东奔西跑哩。

彩虹之夜——土族婚礼

互助是中国唯一的土族自治县。土族族源，尚无定论，但普遍认为：以古代吐谷浑人为主要成分，融合了元代蒙古族而形成。所以在土族人的血液里，奔涌着蒙古人剽悍的个性，土族人和善的笑容中，秉承了吐谷浑人憨厚的柔情。这是一个能歌善舞的民族。当然，婚礼始终在载歌载舞中进行。整个仪式十分讲究，花样繁多，像一出连台歌舞晚会。

■土族盘绣

上马观吉摆针线

十几位土族妇女，川流不息地把姑娘的嫁妆摆了出来：几十件花袖衣衫，彩虹般华丽，与蓝天相映，鲜艳夺目——难怪土族地方被称为彩虹的家乡；一顶顶簪花毡帽，帽檐上嵌一面小镜，寓意心明眼亮；一条条腰带，绣着各种花卉鸟兽，是精美的工艺品。土族姑娘从十来岁就开始刺绣，绣枕头、花鞋、鞋垫、烟包、腰带……把自个的手艺、才情都绣在上面，刺绣的技艺成了衡量一个姑娘身价的标准。出嫁前，要把姑娘的绣品挂在院子里，任四邻、亲朋参观。这仪式成了姑娘刺绣工艺的展览会。除此，还有耳坠、项链等首饰以及嫁妆也一同被展示。

纳信和新郎来迎亲

土族迎亲时辰，是喇嘛根据男女双方属相推算的。迎、送亲和婚礼大都在夜间进行。当新郎和纳信（能说会唱的迎亲人）牵一头白羊，来到紧闭的女方家门前。门楼上、树上、院墙上都站着人，看男方叫门。门里，妇女们唱歌盘问，几经对答，答对了才开门让进。进门时，从门楼上洒下清水，溅起阵阵欢笑，给寒夜增添了透亮、温馨。

嘲弄纳信还要让转安昭

女方以“三道茶”款待新郎和纳信。吃第二道茶时，花窗被掀开，妇女们开始以歌声尖酸刻薄地嘲弄纳信：“从哪里来的人啦？头像一个破背篼／嘴巴像个破簸箕／鼻子像根脏烟筒／眼窝像对破酒盅／耳朵像一对破碟子／像这般难看的人／还要抢走我家漂亮的阿姑。”此时，

■祝福新娘

■以“三道茶”款待纳信

能唱会道的纳信，也只有忍气吞声任其从头数落到脚。他也能体谅，新娘从小和阿姑们一起唱“花儿”，转安昭，荡秋千，一起在家做针线，一起下地劳动，情谊很深。如今要被接走，感情上怎能不为她的命运担心？姑娘们自然要以埋怨、笑骂来倾诉复杂感情，也警示新郎，若对妻子不好，娘家人可是不好惹的。骂够了，就拥进屋拉纳信到院子里转安昭，这是土族的集体歌舞，围成圆圈边唱边转边跳，是模仿飞鹰的动作。如果纳信不转，就用挑水扁担压在他背上，强迫转起来。安昭转得热烈欢快，姑娘们挥动七彩袖，在灯光下显得格外绚丽，如道道彩虹在夜空里升起。

■转安昭

戴头换发式

戴头换发式是姑娘出嫁的一项重要仪式，即把原来习惯梳的一根辫子，改梳成两根发辫，意思是向姑娘时代告别。此时唱歌的内容和气氛也变得严肃，一扫刚才那种幽默情调。歌声中，新郎走进闺房，为即将成婚的妻子改变发式，解开姑娘的头绳扎上一丈二尺新红头绳，然后用木梳在姑娘的长发上顺、倒各梳三下,又在自己头上梳三下。新郎出门,房里人便给新娘梳头、戴花、打扮。纳信唱歌叫门，姑娘在房里哭诉难舍之情。

冠戴新郎和出门上马

新娘打扮完毕，岳父向新郎赠送衣、帽、鞋、袜、腰带，并亲自一件件给女婿穿戴起来；又把一条哈达，从中打个结，包上粮食和柏叶，系在新郎脖子上。四更许，新娘被扶出闺房（前面一人拖白毡）和新郎站在堂前三鞠躬,向家乡山水、亲人、邻居告别，然后随着拖动的白毡出门上马。妇女们以一片哭声相送。此时新娘的哥哥，手持缠着羊毛、哈达的木箭，从堂屋到大门来回跑三次，为妹妹驱邪、送行，留下吉祥、兴旺之意。

■娶亲

进婆家抢门和三拜

新郎家正为娶亲而忙碌。院里花池四角点四堆火，是回避青龙、白虎、朱雀、玄武四大凶神，又象征新媳妇进门日子红火。

当新娘被搀扶簇拥来到大门前，有趣的事发生了，婆家人要推新郎先进门，娘家人要推新娘先进门。意思是谁先进门谁就能当家做主。这争家庭领导权的一霎，倒体现出一种平等竞争意味。

吉祥的白毡在新人前面拖动，停在堂前，即举行婚礼。一位职客（司仪）端一杯酒，高喊一拜天地，二拜山水，三拜公婆、阿舅、哥嫂、亲戚、邻居。新郎、新娘应声在白毡上叩拜三次。拜毕，随着白毡拖动，扶新娘进入厨房，跪在灶台前拜灶神。一位品貌均优的妇女捧起泡着两枚红枣的奶茶，让新娘先喝一口，再端去给新郎喝。从此新娘担负起家庭主妇的职责。

婚宴上赞歌飞扬

婚礼在夜间举行，宴席必须等待太阳升起后排开。男方的职客（招待员）轮流给娘家人敬酒，边唱酒曲：“群星里主贵的是启明星／森

■婚宴上赞歌飞扬

林里主贵的是菩提树／亲戚里主贵的是娘家人……”娘家人也回唱酒曲，赞颂婆家。随着酒宴行过三道茶，唱酒曲也达到高潮，宾主一问一答，答中有问，甚是热闹。从古至今，从国外到国内，从神仙到英雄，无所不包。以此说明知识渊博。一直唱到太阳快落山，才谢过媒人，吃过“启发面”，饮过“上马三杯酒”，相互热情道别，送亲的娘家人面带笑容，飘一路酒气，回到自己的村庄。

西宁一瞥

一提起西宁（或青海），特别是内地人，总觉得她很遥远，又是荒凉、苦寒、贫瘠之地。有些人还能背几句唐诗“青海城头空有月，黄沙渍里本无春”加以印证。

西宁位于青藏高原东部，湟水河及支流北川河、南川河交汇的盆地上，是青海的省会城市，也是青海的政治、

■西宁城区一瞥

经济、文化中心，是青藏高原上最繁华的城市。

西宁古城起于汉代。骠骑将军霍去病在西宁筑西平亭；西汉末年，赵充国、马援曾先后在西宁一带屯田；三国时曹操设西平郡于西宁。西宁，取西陲安宁之意。在历朝统治者眼里，西宁确实是一个确保西陲安宁的重镇。在“南丝绸之路”和“唐蕃古道”上，起着控扼与枢纽作用。特别是南北朝、隋唐时期以后，北道河西走廊常年被刀兵阻隔，靠的是从西宁—门源—俄博—张掖和西宁—青海湖—柴达木—当金山—敦煌两支“南道”，肩负东西交流的重任。

西宁古文化积蓄特别丰富、深厚。徜徉街头，处处都能碰到文化古迹：宋代城墙，南凉王的阅兵台，沈那齐家文化遗址（3600年前），大通上孙家寨马家窑文化器物（舞蹈彩盆为代表），上千座卡约文化（3000年前）墓葬，182座汉墓群，佛、道教共荣的北禅寺，隋炀帝妃子金娥出家的娘娘山，等等。厚重的古文化根基，托起今天的西宁新貌。

■大通上孙家寨出土的马家窑文化器物——舞蹈纹彩陶盆

佛教、天主教、道教、藏传佛教、伊斯兰教等各大教派共同发展，围绕繁华的城市，各教寺院矗立东南西北，飘溢出浓浓的宗教气氛。藏族、土族、回族、蒙古族、撒拉族，充分享受着宗教信仰自由的灵液，与新时代和谐、

■西宁市东关清真大寺

同步。在中国，还没有一个大城市像西宁这样，有众多的教派同光共彩，既清朗纷繁，又具神秘的特色。

西宁海拔近2200米,被誉为“中国夏都”。夏季凉爽，冬天不寒。当全国大部分地区酷暑难熬之时，西宁却清风习习，凉爽宜人。最高温度也不过三十一二度。加之空气清新，阳光明媚，紫外线强度适中，细菌繁殖率低，传染病、肠道病不易蔓延。

据高原医学专家研究，在西宁这样中度海拔（1500 ~ 2500米）城市，不会影响生活质量，一般无任何不适应症状，肺气体交换基本正常，除极少数对缺氧特别易感者外，很少发生高山病，只需几天，人体就能适应。也正是空气中含氧量少于内地低海拔地区，而激发人体的抗缺氧能力，血红蛋白增加，从而增加了轻度高血压、心血管疾病的治愈率。所以，西宁是值得人们亲近的避暑胜地，也是某些病人康复的疗养基地。

闪佛神祠土楼山

踏着北魏旅行家郦道元的足迹，念着他《水经注》中“楼北依山原，峰高三百尺，有若削成”的土楼山记叙，出西宁北门，竟见一“乐山大佛”立在北山前的湟水岸边，这就是“闪佛”了。它原本是山水冲刷、风剥雨蚀形成的若佛若塔的高崖，可是当地人讲，有缘者看着是佛，无缘者看着是崖，因而以其闪烁迷离取名。后经人工略施雕琢，使之真成了雄伟巨佛。

这佛还颇有点“人民性”呢！传说古时，西宁一带，

■西宁北山土楼观和“闪佛”

风景十分优美，森林茂密，百花盛开，麦浪千里，牛羊遍野，人民过着平稳幸福的生活。可是，忽然来了两个妖魔，口吐黄沙淹没了农田，堵塞了水源。夜里窜到村子里，掠走童男童女，带回洞中活活吞食，人民苦不堪言。这惨景，惊动了西王母，西王母带着护法金刚下界除魔。被降伏的二怪，拼命挣扎，山摇地动，土楼山崖崩石滚——这时，护卫金刚用身体抵着山崖，挡住了崩塌。西王母施法力让二妖现出原形，原来是两头大猪。这就是土楼山上的公猪岭和母猪岭。护卫金刚继续留下来,护住山崖,便是今天见到的“闪佛”。这传说虽带着牵强的构想，但反映了西宁的古羌人在天灾人祸中的痛苦和祈求神灵保护的愿望。

这愿望曾一度变成了现实。东汉邓训在西宁为政期间，一改以往官员对当地羌人压迫、杀戮的作风，而是给以安抚、友好相待，尊重羌胡风俗。羌人古俗，以战死为荣，病死为耻。一旦生病常常自杀。邓训对此，便派人缚住病人手脚，用医药治疗，大多痊愈。羌人对邓训十分敬重，奉为神明。邓训平息战乱，善待俘虏，又兴修农田水利，发展畜牧业，以致河湟羌汉和睦，出现了短期繁荣。在 1900 多年前的官吏中可谓凤毛麟角。邓训于东汉永元四年（公元 92 年）卒于职守，享年 53 岁。一日悼祭者达数千人。不少羌人以刀自割曰：“邓使君死，我曹亦死耳”，纷纷自愿为其殉葬。家家为邓训立祠纪念。土楼神祠就是为邓训建立的圣贤祠。山上城隍洞中供的城隍神就是邓训容貌的塑造。拜谒者络绎不绝，寄托对清官、好官的追思。

东汉后期，佛教传入河湟地区。土楼神祠便逐渐成为佛教活动之地。魏明帝时在山上利用断岩凿洞造佛，绘藻井、壁画。随着

“南丝绸之路”“唐蕃古道”的出现，西宁成为交通重镇，土楼祠香火更加旺盛，地位更为重要，成了东西交通中过往人的宗教皈依地。据说文成公主、金城公主入蕃，都曾在此烧香、拜佛。土楼山又名北山，与南山遥遥相对，成为西宁的屏障。兴盛了1000多年的佛寺，因地震、兵燹，特别是在“文革”期间被破坏，原有的佛像、壁画已荡然无存，僧众四散，剩下一座明代寿宁塔孤立山顶。20世纪80年代才修复一新。从西到东，玉皇洞、无量洞、城隍洞、圣母殿、魁星楼、七真洞、三官洞、

■北山土楼观

吕祖祠、金山圣母洞、黑虎洞、王母洞，等等。组成“崖上有楼，楼上有亭，亭内有洞，洞内套洞，洞中藏佛”的神奇景观。正中圣母殿，乃北山最大建筑，紧靠崖壁，面临陡坡，屋脊高耸，飞檐斗拱，远看似空中楼阁；东西中洞群，计有直洞 39 个，偏洞 18 个，加上闪佛以东之自然岩洞已近百座，故旧称“九窟十八洞”乃概数而已。洞、殿间均由栈道、回廊勾连，蔚成奇观，乃中国又一个悬空寺。穿行在悬崖峭壁上，出入畅游于众多洞穴之中，为北山独特乐趣。

这座河湟最古老的名刹，使历代文人留下无数诗篇。元代以前的诗歌均遗失了，明清以来的诗歌、楹联数以千计。“丹崖腹中藏古寺／白云胸中响残钟”、“几缕清风，为把凉意拂游客／一条险道，须将安危告世人”、“当会意时山川助我／到忘机处草木亲人”、“若不回头，谁替你救苦救难／如能转念，何须我大慈大悲”、“善恶极施，莫道竟无前世事／利名争竞，须知总有下场时……”颂景吟风、叙史喻今，藏哲理于佛事，戒名利之追逐，一一发人深省，其文化魅力，引人流连不舍。

由名人（邓训）到祠，由祠演化为佛寺，再由佛寺到道观，是土楼山的又一特色。明清以来，已有道士住山，一些洞窟和殿宇，便染上了道教色彩，成为佛道混一的地方。1979 年后定名土楼观，划归道教使用，由道教前辈赵理璞住持。夏秋之季，浓荫满山，鸟语花繁，喜爱山水的西宁人，节假日都乐于登山观景。站在 2400 多米的高处，望青唐、瞰河湟美景，愉心强体，悟人生真谛，何等惬意！

佛香世界塔尔寺

■塔尔寺门前的如意宝塔

一座享誉中外的古寺，规模宏大，佛声远播。在离西宁 30 公里的莲花山下，八座如意宝塔伫立寺门，记述佛祖八大业绩；花寺虽是纪念宗喀巴大师母亲背水歇息之地，却唤起天下人对母亲深深缅怀；大小金瓦寺辉煌壮丽，朝拜者五体投地；金刚殿维护着格鲁派严格的教义教规；九间殿似回荡着佛祖讲经说法的宏声，显示着文殊、观世音、宗喀巴的形象；弥勒殿的未来佛也并非笑口常开，他正游走凡间警示世人哩……

■塔尔寺堆绣

塔尔寺更以其“艺术三绝”闻名于世：壁画和堆绣以高超的技艺组成精湛的艺术长廊，让芬芳和色彩点染

佛殿，以日月星辰的神韵托出佛殿的庄严、肃穆；酥油花是藏传佛教独开的奇葩，比芳香的花圃更诱人，它四季开放在信徒的心中，引来人们的敬仰与惊叹，也理解着宗喀巴大师“荆棘变明灯”“杂草变鲜花”的梦境，思索变严冬为温暖，拽历史、神话于眼前，让天、地、人与神旨佛意高度统一的哲理。

酥油花的塑造工艺极为复杂而且艰苦，整个制作过程都在零度左右的屋子及冰水中完成。表现形式繁多，题材内容广泛，佛教、历史故事、人物传记、花草树木、自然风光、人物形象、飞禽走兽……无所不包。如：“文成公主进藏”以长安太和殿和拉萨大昭寺为背景，塑出了“六难婚使”“太宗许婚”“辞别京都”“过日月山”“柏海迎亲”“拉萨完婚”等场面，塑出200多个栩栩如生的人物，文成公主端庄美丽，李世民威严高贵，松赞干布智勇深沉，禄东赞聪明机智，其他侍从、使女、宫娥都各具神态。连陪衬的花草、山峰、城郭、楼宇、车马、旗帜、兵器都难辨真伪，是集面塑、泥塑、雕塑之长的大型艺术珍品。

塔尔寺集佛法、宗教、文化、艺术、建筑美学、天文学、印刷术等于一体，在中国寺院达到一个极顶。难怪游人感叹：“看了塔尔寺，青海没白去！”离寺12公里的南佛山，也引起游客浓厚兴趣，以其山佛雄奇、风光美丽而自成佳境。同时也衬托得塔尔寺更加庄重、肃穆。

塔尔寺耐看，而内涵更耐人揣摩。寺名的由来则充满浓浓的亲情。公元1357年宗喀巴大师在湟水边诞生，从母亲剪断脐带的血滴处长出一棵白菩提树。宗喀巴大师成年后在西藏研佛讲学，为缓解母亲的思念，便令人把树修进塔里，以慰藉母亲“见塔如晤儿面”。以后便围绕塔逐年修寺，形成如今的规模，故“先有塔后有寺”，便是寺

■塔尔寺的重大佛事活动——“跳欠”

名的由来。佛心即人心，母慈子孝的佳话寓含深刻朴实的人性力量，600多年来，深得万众拜服。

宗喀巴大师创立格鲁派（又称黄教）意义不凡。佛教自7世纪传入藏地至14世纪中叶，已逐渐颓败、腐朽、没落，面临不得不改革之急。宗喀巴大师千辛万苦，四处宣扬佛法，建立教规严格的格鲁（意为善规）派，使藏传佛教得以新生，可谓上顺天意，下敷民心。格鲁派一创建，便深得信徒拥戴，藏传佛教各派，唯黄教马首是瞻，迅速扩展至甘、青、西藏、内蒙古地区。西藏色拉寺、哲蚌寺、扎什伦布寺，甘肃拉卜楞寺等都相继因信奉黄教而成为名刹。格鲁派得到其他各教派尊重，并都不同程度效仿改革。宗喀巴大师开了藏传佛教改革之先河。可见，革新之重要，是生机，是灵魂。教派如此，其他领域亦然。

■塔尔寺大金瓦殿

第五章 日月山外天高湖阔

陛下平定四方。日月所照，并臣治之。高丽特远，弗率于礼。天子自将度辽，骈城陷阵，指日凯旋，虽雁飞于天，无是之速。夫鹅犹雁也，臣谨冶黄金为鹅以献。

■石堡城远眺

沃血石堡城

从西宁沿青藏公路西行30公里，便进入青藏公路的第一道险隘西石峡。湟水湍急地向东流去，峡谷里危崖上奇石耸立，阴山上森林茂密，组成一道“海藏通衢”风景线。而这里的景中景莫过于“佛儿崖”。石穴壁上有十余座佛雕，释迦牟尼像两边列刻“四大天王”，分执器物挺胸屹立。民谣描绘这四尊石像：“大哥长虫二哥剑，三哥琵琶四哥伞。”雕像刻工粗放，线条简练，像是宋元时期的作品。当地人解释说：捉长虫表示降伏妖魔，执利剑有斩断艰难险阻之意。打伞不畏旅途上的风雨飞雪，弹琵琶揭示心声与天籁和鸣。总之，有震慑山魔水怪，逢凶化吉，护佑行人欣赏风光，一路平安的含义。

出峡，途经“茶马互市”集散地湟源县城。所谓“茶马互市”就是起于南北朝，盛于唐宋，藏汉相互通商的口岸。中原王朝用丝绸、茶叶在这里换西部少数民族的马匹。游牧民族以肉、奶、酥油为主要食物，习饮茯茶暖身，温胃、助消化；而中原地区，耕地和征战都需要大量马匹。所以相互交易就成了双方的必需。唐初在东西南北边境上开了近 20 个“互市”地，日月山下的湟源城是唐朝与吐谷浑、吐蕃的最大边贸重镇。唐初国力强盛，为军队蓄养了 70 万匹战马，大都是从这里交易的。据专家说，大约是 40 尺绢或 80 斤茶可换一匹中等马。可见双方以物易物量之大。

日月山下，西石峡—药水沟一带，是古代繁华的贸易市场，由于地势险要，也是兵家必争之地，谁扼住 30 里长峡就等于控制了河湟甚至陇右地区。在这里，曾经历经多次血战，对石堡城的争夺，可算典型。石堡城在日月山以东 15 公里，坐落在药水河 300 米高的绝壁方台上，地处“南丝绸之路”“唐蕃古道”要冲，号称铁刃城。三面险绝，唯一一条石径盘曲可上。真有一夫当关，万夫莫开之险。

石堡城建于隋朝，有隋朝诗人史万岁《石城山》：“石城门峻谁开辟，更鼓误闻风落石。界天白岭胜金汤，镇压西南天半壁”可证。约为大业五年（609 年）隋炀帝亲自统兵西征吐谷浑“大败伏允，尽有其国，遂以伏俟城为治所，置西海郡；以赤水为治所，置河源郡，迁徙内地轻罪犯人到两地居住。又派卫尉卿刘权在河源郡积石镇大开屯田，驻兵戍守五年”时构筑。

公元 617 年隋朝面临覆灭，吐谷浑首领伏允又率众重返故土。唐初，大约是高宗时期，670 年吐蕃灭吐谷浑，也攻陷了石堡城（文成公主 641 年路过日月山时，石堡城应是吐谷浑军的防地）。从此吐蕃盘踞石堡城达 60 年之久，至唐开元十七年（729 年）唐玄宗为了巩固西陲，扼制吐蕃势力东侵，派王冲攻占石堡城，置振武军守卫。

唐开元二十九年（741 年）吐蕃不惜重大伤亡，又夺取石堡城。

唐天宝八年（749 年），唐陇右节度使哥舒翰调集 6 万多大军，不惜 3 万多人死于城下，又采取深夜偷袭的战法，才将城攻了下来。守城吐蕃兵将全部战死，无一生还。石堡城成了唐、蕃双方的“伤心岭”。哥舒翰也因此战功卓著、名扬天下而被唐玄宗封为西平郡王。从唐代诗人高适《同李员外贺哥舒大夫破九曲之作》的诗句“泉喷诸戎血，风驱死虏魂。……鬼哭黄埃暮，天愁白日昏。石城与岩险，铁骑皆云屯……”中，可以看出当时战争的残酷，双方伤亡之惨烈。

公元 755 年唐朝发生安史之乱，青海、甘肃、宁夏一带的驻边军队，全部征集去长安和潼关一带作战，以致边城空虚，吐蕃乘机攻唐，石堡城不战而得。数年之内，占西平、占廓州，进入甘陕一带，逼视长安。凤翔以西，邠州之北的数十州，全为吐蕃占据。吐蕃统治河陇直至公元 850 年，因其东部镇将混战而结束，而盛唐已成日薄西山的衰唐了。

世界上还没有一处，在不足 0.1 平方公里（长 100 余米，两侧

■石堡城出土的箭镞、钱币

宽 90 米）的城堡上，在短短几十年中竟有这么多的杀戮，死亡这么多的士兵！

沿曲折山径爬行四五里，登上城堡，虽闻曾出土过唐代铜钱、陶片、箭镞、砖瓦等物。但这些被“武化”的文化遗存，压得人喘不过气。时间虽掩盖了血污，满台荒草，仿佛仍洒满碧血。三面断崖上的长条巨石仿佛是推摇不动的仇恨凝铸。墙下碗口般大的石头，瓦片砖块，当年相互搏杀的武器，均散射着敌我无以化解的惨烈。万人台隆起的土脊尚可辨出是掩埋几万具尸体的标志，任黄沙、衰草覆盖——谁又愿将这历史悲怆的储存打开多瞥一眼呢！城堡前侧一个塌陷几丈的深坑和坑里一根血锈的铁柱，有人说是拴马桩，有人说是旗杆，无论是什么，不管它栓过哪位将领的战马，擎起过哪一方的得胜军旗，留给后人的警示是相同的、深远的。

石堡城，血比水贱，不忍，也不能多待的地方！

日月山悲·倒淌河泪

日月山，在唐代以前名叫“赤岭”，因它的山石都是赤色而得名。日月山海拔 3520 米，属于祁连山支脉，位于拉脊山的西端，是青海省境内的内陆河与外流河的分水岭。山北坡，麦田青青，油菜花儿金黄。我们登上山顶，立刻被迎面的西北风吹得浑身透凉——头一次感受到了六月艳阳天里的寒意。而南坡则是望不到边际的茫茫草山，白白的雪线横在空中。难怪青海有民谚说“过了日

■日月山全景

月山，又是一重天”，这是唐朝与吐谷浑、吐蕃的分界岭。

文成公主来到日月山顶，停下玉辇，举目四顾：身后烟雨迷蒙，别说长安遥迢无踪影，就是西石峡的森林、药水沟口的杨柳也见不着了；前面草枯云惨，雪峰连绵，禁不住愁丝万缕，潸然泪下。她此时想起，父皇唐太宗行前赐给她一面日月宝镜时说，如果想念家乡和父皇，从宝镜中可看到。可是，文成公主在赤岭上取镜照看，哪有长安的影子？只有自己愁苦滴泪的面容而已。于是她愤怒地把日月宝镜扔下山崖，从此，当地人便把赤岭更名为日月山。

为了纪念文成公主，1984 年在这山口的

■倒淌河文成公主雕像

两侧各建立了“日”“月”二亭，亭内有文成公主和松赞干布塑像、公元733年唐蕃会盟的石碑，还有壁画和唐卡，虽是现代的制作，但工艺却很考究。

下了日月山向南行约10公里，我们看见一条小河自东向西流去。可在日月山的东边，几乎所有的河都是自西向东流去，为什么这条河却偏向西流了呢？向导为我们讲起了和文成公主有关的又一个传说：当文成公主在日月山下辇，换乘马儿西进，仍是悲凄凄的心情。她想，父皇驾下有的是文臣武将，不去戍边，却让一个女子去和亲，当十万精兵用。于是文成公主下山时不断流淌的眼泪竟然汇成一条小河，就是眼前这条由东向西的倒淌河的来历。其实倒淌河是由东向西流入青海湖的内陆河。人们利用这一自然现象，借一泓细流，为文成公主诉怨，诉说后人对她的怀念与尊崇。

文成公主在倒淌河边破涕为笑了。原来是宗室姐姐弘化公主和吐谷浑王诺曷钵率领臣民来欢迎她（前一年，640年，弘化公主嫁给了诺曷钵）。史载“文成

■日月山下的文成公主雕像

公主途经青海地区，唐封的河源郡王、吐谷浑首领诺曷钵和弘化公主沿途做周密布置，热烈迎送，为文成公主建筑行馆，又请到本国东都伏俟城暂住，大张筵席，赠送礼品。”姐妹俩在日月山南麓相会，同样的命运，走着同一条和亲之路，为大唐利益贡献了自己的青春、爱情，自然有诉不尽的衷肠。弘化公主大尽地主之谊，接待规格之高自不必说。最令文成公主兴奋的是游览青海湖（西海）风光。姐妹俩登上玉辇香车，向青海湖驶去。读者不妨随我们沿着两位公主的足迹，游览一番。

如梦似幻青海湖

跨过倒淌河西行 30 公里，青海湖在望。湖边绿草翻波，牛羊成群，特别是沿湖百里油菜花正在盛开，一派金黄，为蔚蓝的青海湖镶了一道金边。油菜花地边，摆开一排排蜂箱，蜂群在花丛中飞来飞去。没有什么地方

■鸟岛

比这里采蜜更方便的了。养蜂人都是从江浙、云贵川等地出发，一地一地地赶着花期而来的。这里花多、蜜好，日割蜜量最大。

最有趣的是，我们的汽车在油菜花中间的公路穿过时，前面的挡风玻璃上雨滴似的留下一滴滴花粉、蜂蜜。是汽车飞驰的气流卷下的蜜滴，还是工蜂撞在玻璃上的遗物呢？真是名副其实的流蜜的季节！

青海湖蜚声中外，不仅是以面积 4500 平方公里，中国最大的内陆湖著称，不仅是因半咸半淡的湖水罕见于世，也不单靠周穆王与西王母相会而流连忘返的迷人景色，而是以其独具魅力展现在 3200 多米的青藏高原上，无愧于“仙海”的称谓。

蒙古人叫它“库库淖尔”，藏族人称为“措温波”，都道出了它“青蓝色的湖”的特点。既区别于大海的蔚蓝，又异于其他内陆名湖（太湖、洞庭湖等）的碧绿，是湖与海的完美结合，既青得深沉又蓝得高洁。

湖中盛产“鲤鱼”，体形如纺锤，背部呈黄褐色或灰褐色，身体两侧还有不规则的褐色斑块，通身无鳞片，所以人们又称它“青海

湖裸鲤”。听渔工讲，它是鲤鱼的变种，叫湟鱼。因高原水冷，为保持体温，鳞片已全部退化。湟鱼生命力极强，能在海拔3000～5000多米的河流、湖泊中生存。但生长很缓慢，十二三年才长到一斤重。

■裸鲤

湟鱼又被青海人称为“救命鱼”。20世纪60年代初的饥饿时期，青海人也同样挨饿，多亏有湟鱼可吃，才使成千上万的人免于浮肿和饿死。时过30多年，青海人对湟鱼仍然感恩戴德，深情地叫它“救命鱼”。虽只是放盐和姜片清炖，味道却极鲜美，口感也细腻，汤面还漂一层油花，真是难得的美味！可渔工们却最喜欢吃鱼头，说鱼头味道最佳，百吃不厌，而把鱼身扔进湖中去喂活鱼。渔工们又讲起结绳钓鱼的趣事。隆冬天气，在冰上打个窟窿，不用钓竿，也不用鱼饵，只用空钩甚至用绳结下水，鱼便争先来咬。一天下来竟可钓到上百斤鱼，简直像听神话故事一般。近年来，由于封湖育鱼，禁捞禁捕，无鲜可嗜，只能流涎而已。

环湖景点颇丰，因文成公主情意而驰名的日月山、倒淌河，吐谷浑东都伏俟城，青海湖的母亲布哈河草原，闻名遐迩的鸟岛奇观，魅力无限的金银滩，首次研制“原子弹和氢弹”的原子城，中国保存最完整的西汉古郡三角城，以及沙岛、沙陀寺、石堡城、海心山等，都是内

■金银滩

涵丰富，不可错过，唯此独享的景观。

有人说："不到青海湖，一辈子遗憾，到了青海湖，遗憾一辈子。"那是未入腠理，与景点失之交臂，故此提醒读者、游人，如果到了青海湖，不看环湖十景，才遗憾一辈子哩！

海心山，青海湖中的宝岛之一。岛上建有庙宇，有僧人，佛堂香火。自 20 世纪溯前，每年冬季，僧人踏冰出湖，办齐全年所需粮食及生活用品，回到岛上，过着与世隔绝的生活。现有船艇运输，随时都可补充给养。

■海心山

别看岛只有 0.5 平方公里，却自古有名，又称龙驹岛，是古代兵家必争和养宝马之地。唐将哥舒翰曾在岛上筑城，以隘守唐蕃古道。隋朝炀帝在此求宝马——也是历代帝王将帅梦寐以求的名骥，强健异常，能日行千里，号称“天驹”或“龙驹”。唐代大诗人杜甫在《高都护骢马行》中赞道：“……飘飘远自流沙至，腕促蹄高如踣铁……走过掣电倾城知”是海心山育出的龙马，轰动长安，万人空巷，欣赏宝马的生动写照。

现在岛上已无龙驹，也不产名马。随着现代化交通工具的出现，马的作用已越来越小。别说在唐蕃古道、丝绸南路上，已不见马帮来往，就连青年牧人也多驾摩托车放牧。可龙驹岛名声犹存，矗立湖波中，讲述古文化内涵。

吐谷浑东都伏俟城

文成公主在青海湖西边的伏俟城逗留了多少日子，无法考证。但吐谷浑辖区内的湖光山色，雪峰草野风物，却使她心旷神怡，也调剂了她旅途的劳顿和情绪。对青藏高原的第一王国，有了更实际、具体的了解。

吐谷浑本是辽东鲜卑族慕容氏的一支。西晋时，由于部族矛盾加剧，首领慕容廆借马群厮斗为导火线，逼迫异母兄吐谷浑出走。吐谷浑率 700 户（有说 7000 户）赶马向东寻找安身之地，可马偏偏向西走，吐谷浑信马行进，放牧阴山，绕过河套，涉越陇西，于公元 313 年

■伏俟城城墙遗迹

来到青海海南草原上。故有“马领来的王国”的谑称。

经过近20年与当地的氐、羌人交往融合与同化，迅速壮大自己的部落。于公元329年，吐谷浑之孙叶延在青海海南草原上建立了政权，为纪念其祖父的功勋，遂以吐谷浑为国号和族名。一个新的王国诞生在青藏高原上。比吐蕃王国早了300年。公元390年吐谷浑第五代国王视连定都柴达木白兰（今都兰县），晋孝武帝司马曜册封视连为白兰王。以沙洲为屏障，以昆仑山为依托，进退自如，在温暖安全的沃野上自强不息，王国逐渐走向繁盛时期。

吐谷浑法制简单，史载：“杀人、盗马者死”，仅此一条来维护社会的发展，且杀人方法残酷，“罪人头蒙毛毡，用投石击毙”。“国无常税，商人免税经商，政府需用由富商分摊，取足而止。”由于税轻，又不乱收费，和中原帝国重税压榨形成鲜明对比。所以内地、域外商人都乐于到吐谷浑经商，一旦国家需要，无不踊跃出资。“国无军队，平时分散放牧、种地，临战才自带武器、给养御敌”，人人骁勇，以战死为荣，病死为耻。没有本民族文字，举国上下，不仅学汉语，使用汉字行文，就连封缄公文的密件印信，也和汉族官员用法一样，管理机构仿中原，设长史、司马、将军等官制。婚姻系一夫多妻的抢婚制度，父亲死了，娶其庶母，哥哥逝世，弟妻其诸嫂。隋朝开皇十七年（597年）光化公主的丈夫世伏在内讧中被杀，其弟伏允袭位，遣使往长安，请按吐谷浑风俗，以光化公主为妻。这事与内地风俗不合，但隋文帝也应许了。经过几代国王的努力，发展十分迅速，至南北朝时期，版图已是东西三千里，西至且末，东至陇右，北达武威，南至阿坝，面积达百万平方公里，成为青藏高原上第一大王国。尽管各朝更迭，兴灭频繁，可吐谷浑依旧繁荣发展，一时间，南北各国都争先和它结好，给以封赠安抚。

早于文成公主进藏200多年，吐谷浑与各国间就展

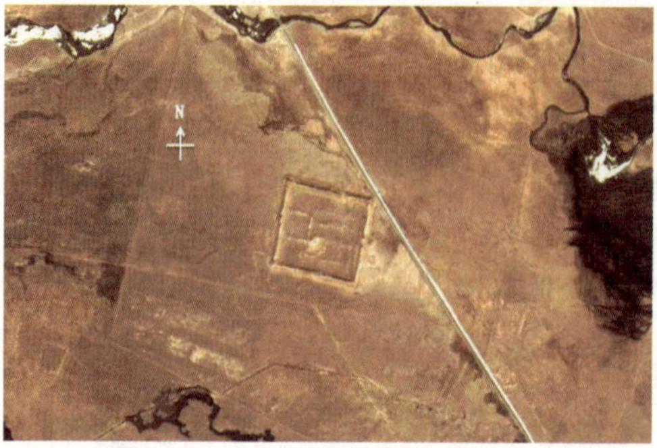

■卫星上拍摄的伏俟城遗迹

开向中原王国的联姻大战。公元398年，西秦王乾归以宗室女嫁吐谷浑王视罴；545年夸吕将妹送东魏孝静帝做妃嫔，而孝静帝又把济南王之孙女认作广乐公主许配夸吕；公元596年隋炀帝以光化公主许配吐谷浑王世伏；公元640年唐太宗以弘化公主嫁给诺曷钵；公元689年，吐蕃国王将宗室女赞蒙墀嫁与吐谷浑王慕容忠。多次联姻缓解了吐谷浑与中原帝国矛盾，促进了王国的发展。

吐谷浑18代国王夸吕，（6世纪中叶）在青海湖西5公里处，筑起伏俟城。长驻临时国都，指挥交通，接见使臣，体察形势，掌握动向，维护丝绸南路的畅通。从5世纪初吐谷浑就打通了南到成都再达南京的水旱路，让吴孙蜀锦源源西进；公元431年开辟了北魏首都平城之路，任北方的商品贸易沿此畅流；继而又打通北至武威张掖之路，为东西方交通大开方便之门，就在公元442年拓跋焘遣军击破慕利延率众逃跑进入于阗国时，还趁机打通了和田、克什米尔一带的道路。短短几年，就勾连起中原和塞上诸国，外通伊朗、印度、罗马……把中华丝绸之路推入全盛时期。三千里吐谷浑成了东西交通枢纽，特别是南北朝近300年（618～907年）丝绸北道河西走廊一带，不时被烽烟阻隔，刀剑斩断了东西的经络，然而靠的是吐谷浑王国的强大势力，良好的商贸环境，全力保护着两条丝绸南路，独自担起沟通东西方的重任。各国使者从这儿照常往来，各国商贸在这儿云集，中外文明依然在这儿汇流、融合……这伟业，已被从都兰县上千座吐谷浑墓葬中出土的几千件中西文物所证明。诺曷钵是吐谷浑王的15世子孙，王国的22代国王，他接过的是虚假繁荣和隐伏的危机。先王们被狮子床坐软了脊梁，锦绣帐淡化了雄心，面对搜罗的珍宝，不觉中迷乱了心智，不思进取，贪图享乐，因袭传统的旧制，已无法铲除私弊。背对崛起的吐蕃，松赞干布是他的“连襟”，也是他最强大的对手。

寄情山水话祭海

随着人类文明的诞生，也逐渐兴起了膜拜山川、湖海，对养育、生息自己的高山、大地、广水表达崇拜、希冀和感谢。这个风俗，至今仍在青海民间延续。年年有祭山（转山、祭敖包）、祭水（祭湖、祭河、祭海）活动。

祭青海湖，是当地的传统节日。明代以前，都是“遥祭”——历代皇帝在京都设坛祭奠，对泽惠百里以上之名山大川给以犒赏、酬谢。唐玄宗封青海湖（时称西海）为广润王，正式列入“遥祭”神位。雍正元年，平定罗卜藏丹津事件后，改为临湖近祭，有会盟和恩威并施之意。一直延续到民国三十八年（1949 年）。

近祭仪式大都相似，由朝廷（中央政府）派钦差（大员）

■祭品

■吹响祭海的号角

主祭，祭品有牛羊、糖果等。程序是奏乐、鸣炮、竖万岁牌（升旗）、叩拜（鞠躬）、诵读祭文等。礼毕将十来只活羊赶入湖里，祭品也全部投入湖中，随后钦差训话。祭海当日或次日钦差赐宴，将结束时，另备两桌酒席让参加者争着割肉，名曰“抢宴”，传说吃了祭肉一生不得病。

宴会后，蒙古王公由盟长领去谒见钦差，赠送礼品，报告一年来族内发生的事件并请求处理办法。祭海目的不外是安抚群众，笼络上层，加强朝廷（中央）统治，王公们表忠心、求信任、显示政绩，地方官员巩固自己地位……

1949 年后祭海转为民间活动。特别是自 20 世纪 80 年代起，又恢复了原有的宗教礼仪:念经、煨桑、转敖包、掬湖水沐身、投奠仪包、

跃马入湖、步行或骑马绕海转一周……以此感谢海神的润泽，祈求人康、畜旺、风调雨顺，颇具民族宗教特色。加上祭后的赛马、射箭、拔河、摔跤、打靶、歌舞、物资交流——祭海活动又成了当地的运动会、歌舞会演、招商引资、旅游观光活动。

“祭海”成了老百姓自己的节日，充分体现出当地民族的情怀和愿望。比之以往的“遥祭”“近祭”有看头、有发展、有新内容。对“还节于民”的这种变迁，民俗专家石葵先生写道：

“从千百年来祭礼习俗演变的轨迹来看，人们对天地、山林、河湖的自然崇拜是一条纵向主线，被附加了‘君权神授’‘四海会同’的意义。由人——统治者，授权给神，再由神反馈给人。近祭的年代，在这条主线上增加浓重的、现实的政治色彩，主要是通过祭祀，行使行政权。到了20世纪的80年代，祭祀活动已转向了宗教、转向了民间，剥去了遥祭时代和近祭时代伪装在神祇上面的政治华衮，恢复了自然崇拜的本来面目。但是随着时代的进步，经济发展，价值观念的更新，科学的昌明，思维的飞跃，人们从自然崇拜娱神、敬神的活动中，加进了自娱、自主的生活内容，把对神祇的祭祀变

■祭海

成了载体，最后坐在了主宾席上，人们自我蜕变成为神祇、成为上帝，既是娱乐的表演者，又是真正的欣赏者。人完成了自身的独立人格。”

鸟岛

到了青海湖，不能不去鸟岛观光。在湖西北角的布哈河入湖处，有两座岛屿东西对峙。西边一座叫海西山，也叫蛋岛，形似骆驼峰，面积约 0.1 平方公里，高出湖面 3 丈余。东边的小岛叫海西皮，状如跳板，比蛋岛大三四倍。

两座岛上鸟儿不下十万只，一派繁忙、热闹的景象。一群起飞，一群落下，有的在海面盘旋，鸣声不绝于耳。由于参观的人多，鸟群已不再惊乱，各自忙着它们的营生。也有调皮的，还故意低空盘旋，甚至给人当头拉下粪便。

每年四五月份，海西山热闹异常，斑头雁、鸬鹚、凤头潜鸭、云雀、海鸥……从江南、东南亚、印度、尼

1|2|3
■ 1. 丹顶鹤
■ 2. 斑头雁
■ 3. 鱼鸥

泊尔等地飞来产卵，孵雏。十余万远客在岛上繁衍生息，一窝挨一窝，以致难以下脚。待雏鸟孵出，在湖面翻飞，觅食、起落、鸣叫，组成一个鸟的世界。秋天，雏鸟长大，又南飞越冬。年年循环往复于这片得天独厚之地。值冬雪飘飘，湖面冰封，鸟岛并不寂寞，这里又成了高贵的天鹅的家园，它们在岛上越冬，春天才离去，为青海

■鸟岛上的鸟类

湖的严冬增添了勃勃生机。

在鸟岛的东北端，一座峭壁矗立湖滨。春夏之季，成千上万只鸬鹚生息礁崖上，形成一个鸬鹚部落，故名鸬鹚岛。

除年年常来的候鸟外，岛上还有过路鸟类暂驻、停息，可达八万只以上，鸟岛成了它们往返的宾馆、食宿的加油站。有些在湖滩稍息一宿，就匆匆赶路；有的在这里补充食物，恢复体力，流连一些日子，再飞往目的地。春初秋末，鸟岛更加热闹、繁忙。

大非川悲剧

告别青海湖往南行 40 余公里，到青海海南藏族自治州首府恰卜恰镇。当年下嫁吐谷浑首领诺曷钵的弘化公主，曾在这里为文成公主专设佛堂，因为文成公主笃信佛教，便在此念经、休息数月后，才继续西进。现在，已寻不见佛堂遗迹，只有楼房栉比。昔日荒滩上，已出现了一座拥有数万人的草原新城。

稍事浏览便出城上路，经过一塔拉（平川台地）、二搭拉到三塔拉至大河坝一带，就是公元 670 年薛仁贵与吐蕃交兵的古战场。天空灰暗、云团压野，却没有号角长鸣、杀声连天，只听见牧羊姑娘嘹亮的歌声，只见马儿和骆驼成群，在草原上悠闲嚼草……一切都变了，当年扎军帐之地，成了帐篷集市，各种货物琳琅满目，州、县、乡的商店，正在这里赶物资交流会。

■薛仁贵

十万唐兵全部覆没，帮助吐谷浑复国成了泡影，不得已与吐蕃签订和约，薛仁贵领残兵数十人空返长安，使龙颜大怒。若不是唐高宗念他以往的救驾之功，侥幸地落了个罢官收监的下场，不然，早就在文臣武将的一片该杀声中人头落地了。

怪薛仁贵用兵不当，将不听令，孤军深入，粮草不济，酿成败局。但最主要的还是吐谷浑自身弊病造成。国体先天不足，没有不断完善国策，没有健全法律，没有系统建政，没有强大的常备军（临时集结的队伍，对付部落械斗，争夺草场还是游刃有余，一遇大战唯有流

■传说为古战场的塔拉滩

窜而已）随王权旋转的政权，当然禁不起多变的政治风云，更耐不住历史长期的无情风化。特别是政治生活腐败，造成致命伤。任用奸佞，讲究排场，大修陵墓，破坏了立国根基，据专家统计，每修一座如山王陵，至少要 400 万个劳动日，要砍伐 4000 万平方米草木，即有 40 平方公里土地沙化，近 2000 座大小陵墓使上万平方公里的青山成为秃岭。如此外扰内荏的王国，怎会不被喜马拉雅的风雪摧倒！公元 664 年，诺曷钵的大臣素和贵潜逃，向吐蕃提供了国内虚实情报，吐蕃军队立即乘虚而入，一举消灭了吐谷浑。与其说松赞干布、禄东赞是吐谷浑的掘墓人，倒不如说吐谷浑把自己送进了坟墓！面对大非川悲剧，武则天将诺曷钵、弘化公主及残部安置于灵州（今宁夏灵武县），封诺曷钵为灵州刺史，夫妇俩在灵州度过余生。

延续 350 年的吐谷浑，在大非川一带立国，又在大非川一役中灭亡，历史令人有“生于斯，灭于斯”之慨。世界上最强大的帝国，派出精兵名将，竟然挽救不了它的命运，可见光靠枪杆子支不起腐败政权，当一个王国衰亡时，什么力量也挡不住它走向坟墓的脚步！然而 1300 年之后，在薛元帅遭惨败的古战场上，藏汉两族人正共同修整古渠，把战场灌溉成了沃野农田。草原上施行“四配套”（草场网围栏、牲畜棚圈、人畜饮水、过冬牧草配套），结束了几千年的逐水草而居的游牧生活，融化了亘古干苦，洗亮了笑容，也使妇女们丢掉了祖祖辈辈勒肿肩膀的牛毛绳，不再使用压弯腰脊的木桶，不再赶着牲口，冒着寒风、酷暑和飞沙，到一二十里外去驮水……

入夜，篝火在草原上升起，不是节日胜似节日。藏人、汉人在火堆旁联欢，拉伊（民歌）响彻夜空。

藏族妇女不但衣着华丽，还特别讲究发式，无论赶集还是参加聚会，都要精心编结发辫。头上几十根细辫，显露了她们的爱美之心和精湛的梳头技巧。她们还特别喜欢照相，当镜头对准她们时，丝毫不躲闪，大大方方地任人拍照。有的还主动给你留下通讯地址，希望能得到自己的"靓影"呢！

第六章 黄河源头的『世外净土』

■黄河源头

暖泉驿轶事

从大非川南行70公里到达古道上的暖泉驿。现名温泉，设有公路交通住宿站，接待过往旅客，它是因一股温泉从镇边流出而得名。传说这里原来没有温泉，是文成公主到来后才出现的。文成公主浏览、拜祭过青海湖（西海）后，西海龙王十分高兴，非常欣赏公主的美丽、活泼、善良以及一路上参神拜佛的礼节，便派遣掌管气候的风将、雨师沿途暗暗相随护送，按照文成公主的愿望调节气候。如果公主嫌热，就祭起几片阴云，为公主送凉遮阳；如果公主嫌冷，就出一阵太阳暖身；如果公主车马踏起的灰尘太大，就飘起牛毛细雨清尘……当公主进入弘化姐姐为她设置的驿站，一切条件都很好，唯一感到周身烦腻，自言自语道："要是有骊山的华清池或龙支城外的药水泉洗洗才好哩！"话刚说完竟然从地下岩缝中热腾腾地冒出一股温泉。文成公主大喜，早晚在泉中洗漱沐浴。随从、将校、宫女也为她欢呼，庆贺这天赐汤流。文成公主遂为馆驿取名"暖泉"，有暖心、暖身之意。

这个传说，表达了当地人民对文成公主的爱戴和呵护之情，而温泉也默默地从地层中流淌着，也许是水量太细微，没引起当地人的注意。想必是文成公主，令人开凿泉眼，清理掩堵的沙石，使之流量增加，泉水才得畅流之故。

20世纪50年代初期，青康公路，从此穿过，暖泉驿成了路上一个小小集镇，建政温泉乡，几排土屋，简单的生活设施，为过往行人提供必需的生活物品。由于地势高寒，不产蔬菜，饭馆里只有牛羊肉卖，纵然是夏季运点蔬菜来此，早已蔫巴，且价格比肉贵。当地工作人员如见谁搭车去西宁，嘱咐的第一句话就是："美美吃几顿青菜过过瘾。"由于长期吃不上蔬菜，在此工作的内地人，大都嘴舌溃烂，指甲塌陷，甚至夜盲。一个偶然的机会，供销社的一位老工人，发现来购物的藏胞，一个个红光满面，没有缺维生素症状。经细察访问后，才知当地藏胞，自文成公主到来后，就有饮、浴温泉的习惯，还有句口头禅："要身健，去温泉。"于是也效仿藏胞以温泉饮水、洗澡，经过一段时间，败血症自然消失。原来温泉不仅含硫，能治疗皮肤病，也含有多种维生素及对身体有益的矿物质。

现在的"温泉"，已成小集镇，过去的土房"干打垒"，早已换为砖楼，排在公路边，形成了一条数里长街。时鲜蔬菜、水果四季不断，居民再无缺维生素之虑。

一出镇，我们远远地便看见了热气蒸腾的温泉地。走近了，只见从一眼冒着白气的温泉中露出一只光光的脑袋。原来是一位喇嘛赤裸裸地坐在泉中，正沐浴“半佛”之体。喇嘛笑眯眯地邀我们也下水洗浴。他还告诉我们：“这泉水温度高，水质也好，能治百病呢！常有藏族来滩上扎帐篷，整天泡在水里。这水，对皮肤病、关节炎最有疗效。”听他这么一说，我们也真想跳下去，像当年文成公主一般享受一番，但却又操心着前程的许多去处，所以只洗了一下脚，便恋恋不舍地离开了。

灵魂从『天葬台』升起

从温泉向西南行约 30 公里，见一个水色湛蓝的湖泊（唐时称“烈漠海”），因其风光优美而载入《新唐书》，成为 1300 多年前唐蕃路上的一个游览宝地。今人叫它苦海，是因为湖水又涩又苦不能饮用，湖边水草丰茂，牛羊在温煦的阳光下静静地吃草，湖面上大雁、野鸭、鱼鸥成群，翻飞起落，湖边芦苇与各色野花竞相呼应。难怪唐朝使者要在这里惊喜流连。像这样的湖泊、水鸟、牛羊、鲜花、草场、蓝天、白云、雪山共入画境的梦一般的景色，在内地无法见到，可在青海高原上，只要有湖泊的地方都有这般风光。苦海西北岸一片广阔草地，人称醉马滩，据说人们骑马经过这里，马就醉倒了，再也站不起来。这大概是此地生长的醉马草被马误食之故。今天看不见有马醉卧，倒是湖光山色令人沉醉。

离开苦海西行 50 公里，到达黄河源之北门花石峡。

顾名思义，山上的岩石定是由多彩的火成岩、变质岩组成，当地人以岩色为集镇命名。唐时设乌海驿，也因附近有几座青色湖泊（当地人叫海子）而得名。现在湖泊已干涸，成了开满野花的草原，延展在花石峡外。石峡山峰对峙，峭壁百尺如削，是通向黄河源地区的咽喉。唐贞观九年（公元635年），唐朝与吐谷浑大战，大将李靖、侯君集就是由此进军，深入河源地区，大败吐谷浑军队。国王伏允逃离青海，途中被其左右所杀。其子大宇王慕容顺归降唐朝，被封为西平郡王，同年又为部下所杀；立慕容顺之子诺曷钵（弘化公主的丈夫）为河源郡王。经过这几次折腾吐谷浑国力大衰，30多年后，便轻易被吐蕃所灭。公元670年，唐高宗派名将薛仁贵偕副将那道真、郭待封率兵十万帮助弘化公主夫妇复国，以此为前哨阵地，副将孤军深入，粮草被劫，酿成大非川败绩，致使吐谷浑灭亡。一胜一败，花石峡成了两大战役要地，峡口内死伤无数，尸横遍野，加之海拔4210米，气候恶劣，大风凄厉，长久以来被称作"鬼门关"。现为青康路上一个集镇，居住着养路段、乡政府、藏族牧民上千人。

镇东北有一座天葬台，经幡飘飘，显现于半山坡上，乍看像敬山神的敖包祭坛，透出一派肃穆与神秘。

藏族丧葬习俗以天葬为主，水葬、土葬、火葬、塔葬较少，且埋葬对象也不尽相同。水葬的习俗在某些地区有因地制宜的因素，也有节令禁忌的因素；土葬多是死于非命的凶

■天葬台

死者和因传染病而亡的人；火葬除盛行于信仰本教的地区，一般属于较高规格的葬法，如对千百户头、活佛等；塔葬是对享有盛誉或对教派贡献极大的活佛高僧圆寂后的最高葬礼，以其肉身或骨灰、头发、遗物等或以骨灰拌和香料、黄土重塑本像金身供奉于灵塔中，享此殊荣者寥寥。

为避免打扰死者灵魂升天，天葬过程杜绝陌生人参加。20多年前我在河源地区从事地质调查工作，适逢房东老人去世，作为死者生前朋友，便有缘参加过一次天葬葬礼。当老人病逝，遗体尚未僵硬时，用一根羊毛绳捆绑成以颌抵膝的“胎儿”之姿，象征着为来世投生为人做好准备。再以印着经文的白布包裹，停放帐篷内左边（女性的遗体停放在右边），由亲朋吊祭、念经，祝死者灵魂升入天堂，请寺院喇嘛推算出送葬日期（一般为死后 3 ~ 7 天）。

送葬那天的大清早，将遗体缚上马背，几十位亲朋喃喃念经（有的手摇嘛呢），跟随其后，送往天葬台。没有鼓乐，没有哭嚎，也不打旗幡，只是静默地向山上走去。天葬台大都设在山腰或小山顶上，四周挂满经幡，堆放着雕刻六字真言的嘛呢石。

当儿子把父亲的遗体背到台中停尸板上时，四个喇嘛围绕遗体念经，此时送葬人便回避，退到坡下等候，

■天葬台

■天葬台上的神鹰

台上只留下司葬喇嘛和几个生前至亲；送葬人点燃柏叶、酥油、糌粑煨桑，台上司葬人则向空中呼唤神鹰。其实当煨桑青烟升起时，几十只秃鹫就从四面八方翩飞而来。当绳索解开，经布打开，神鹰们便俯冲而下……直到天葬台石板上干干净净，仿佛一切都未曾发生过。台上人表情释然，山下的人放下了心，这说明死者一生信佛，造化不浅，灵魂顺利升天了。否则被视为死者生前有“罪孽”，所剩越多，“罪孽”越重，灵魂不能升天，对死者及亲属来说都是极大不幸之事。为此，还要请喇嘛念经，为死者“赎罪”，再挑上等牛、羊肉拌好，再请神鹰。看来天葬在清晨进行是明智选择。

神鹰们飞走了，祷祝也完毕了，司葬人走下山坡，用碱面、肥皂净手，然后就地进食。亲属们早早备好了的手抓羊肉、糌粑、酥油、奶茶——算是犒劳。整个天葬顺利结束。

天葬方式实际很科学，既不污染环境，也不占用土地，而且简便易行，不讲排场。体现了藏族人对生与死十分豁达的认识。经访问喇嘛，天葬习俗可能来自佛本生传中“舍身饲虎”的经典：释迦牟尼的前身见一只母虎和七只小虎濒于饿死，毅然将自身送向虎口，可母虎连吃他的力气都没有了，他就自割血肉，让老虎吞噬，终将老虎母子救活了。藏传佛教认为人死后要升入天堂，生前必须乐善好施，藏族天葬正体现了这种“不惜生命施舍众生”的精神。

黄河源第一座桥

自花石峡西南行75公里，到达黄河第一城——玛多。玛多藏语意为“黄河沿”。从唐代至今，都沿用这个地名，是唐蕃古道上的重要驿站和渡口。如今一座钢筋水泥大桥横卧黄河上，称为黄河第一桥，通连着青康公路。汽车日夜奔忙，北上西宁，南下玉树、四川，马达声压低了黄河的涛声。

当年，文成公主就是从这一带过河，到达柏海（扎陵湖、鄂陵湖之间）与松赞干布第一次相见的。《新唐书·吐蕃传》关于刘元鼎出使吐蕃对黄河沿渡口有这样记载：“河之上流，水益狭，春可涉，秋夏乃胜舟。”当地民谚描述得更具体：“正二三（月），雪封山；四五六，雨淋头；七八九，正好走；十冬腊，肉开花。”可见是水流较缓，既可涉足，又能胜舟的季节性渡口。

传说文成公主一行到此，原准备以渡船接公主过河，可先头人员试渡时，发现河面泥沙纵横，低洼的湿地无法行驶，牛皮船往往搁浅，人马易陷入泥潭，在河中又被浮冰撞伤……无论坐船、骑马都不能顺利到达对岸。

■黄河源头第一桥

藏族人奉公主为天仙，怎么能让公主吃苦、受惊呢！吐蕃大臣和牧民彻夜未眠，终于想出一个好办法。

第二天，当太阳从玛积雪山升起，天空蓝得如水晶般澄澈。迎着文成公主,黄河源渡口出现一条长长的彩桥，横跨河波，搭过泥淖，平平展展伸到对岸。在鼓乐齐鸣、彩旗招展中，万众的欢呼声浪里，文成公主被簇拥着走上桥面，脚下铺满红毡，走在上面平稳中略带柔韧……公主仔细一看，这哪是木桥，分明是一座人桥。藏族人肩负着木板，面带微笑，向公主颔首致敬。再看“桥”栏杆，也是由藏族孩子手拉彩绸连接组成的，浮冰撞击的桥桩，分明是吐蕃臣民的腿脚，人群臂挽臂的身板结成一个个桥墩，抵挡着雪水的冲刷……公主激动得热泪

■黄河源头

盈眶，不断地向“桥”合掌祝福、致意。她从长安出发走过了三千多里，渡过无数河流，还没经过、也没想到有这样独特的长桥。世界上还没有一个皇帝、圣佛，接受过这般隆重虔诚的、至高无上的礼遇。

这座桥，搭起的是藏族人民对文成公主的无限尊敬与挚爱！此时，文成公主把对故乡、亲人的思念全留在东岸的桥那边了。她的心，已经和吐蕃臣民融合，开始庆幸自己远去逻些（今拉萨）的正确选择。虽然还没踏上吐蕃的国土，但已经了解了这个王国和他的人民，她暗暗下了决心，一定要做他们的好王妃，做一个虔诚的吐蕃人！藏族人民以身为桥来迎接她，她也要把自己当一座桥，横架在大唐与吐蕃之间！

如今，我面对建造才几十年的现代化大桥，也许就是当年搭桥的地方，看黄河东流，想传说中的动人情景，两座“黄河源第一桥”虽然相距1300多年，可它们的联系何等密切、巧妙。

感受姊妹湖

扎陵湖与鄂陵湖，是黄河源的两大水库，也是母亲河上游最大的两个淡水湖。坐落在巴颜喀拉山下，距玛多86公里。文成公主与松赞干布在这里结成百年之好，为美丽的两湖风光更添神奇色彩。

去两湖途中，听向导讲述扎陵与鄂陵的传说。很久以前，河源部落有个吃百家炒面、喝百家奶子长大的牧人，名叫巴颜郎玛，他英武非凡，撒绳能套住野牛，徒手可捉住恶狼，是整个部落羊群的保护者。他能歌善舞，尤其是鹰笛吹得百鸟围着他飞翔啼啭，不舍离去。巴颜郎玛与玉皇大帝的侍女喀拉娥尕左玛（意为白衣仙女）相爱，生了两个漂亮的女儿，大女儿叫鄂陵，二女儿叫扎陵。一个人仙结合的四口之家，在巴颜喀拉山中过着美满愉快的生活。谁知好景不长，玉帝派天将捉拿白衣仙女回天庭赎罪，她至死不从，化成雪峰，巴颜郎玛被杀死在草原上。两个女儿被牧人救走养大后，得知真相，便沿黄河溯流寻找父母。一夜她俩露宿河边，梦见一位白衣仙女自称是妈妈，并告诉她俩父亲死难的地方，两个女儿伏地痛哭，泪水流成两个湖泊。两个女儿问妈妈，怎样才能救活父亲，一家人重新团聚。白衣仙女明知不可能，又不忍耽误女儿前程，便说，只有你们向着太阳升起的东方走去，一路上如能做九万九千九百件好事，方能如愿，女儿顺着妈妈指引的方向，噙着泪花东去，一路为百姓放羊、推磨、驶船、浇地……至今还未回头。

沉浸在传说的激动中，鄂陵已遥遥在望，618 平方公里的灵波玉液，展开在 4200 多米的高天上，令人进入悠深、旷达、纯净的境界。看天，蓝得不能再蓝；看云，白得不能再白；看草原，绿得不能再绿……一切形容都是无力的，云、水、天、草的契合，仿佛旋磨出一个水晶与翡翠的世界。湖面鱼群游弋，水鸟翻飞起落，更使巨湖显得静谧而富有生趣。两湖盛产湟鱼七八种，以花斑裸鲤、骨唇黄河鲤、黄河裸鲤、扁咽齿鱼、三眼鱼为最多。因湖水温度低，海拔又高，鳞甲蜕化，生长很慢，

■鄂陵湖

十二三年才长一斤，味道特别鲜美，无论蒸、炖、烧、烤都好吃。渔工把湟鱼剖开，一片片晾在湖滩上，人称“干板鱼”，既保持了活鱼的鲜美，又易于储存、运输，是“两湖”特有的产品。

太阳西下，湖边的落日特别壮丽。天边像烘炉打开，云层间泻下一泓泓金红，好像太阳在世界上转了一圈，把它收集的珍宝全都交给母亲湖，鹅黄、银白、金红、翠绿揉在一起，幻化出童话里的绚烂。北京时间22点多了，天才擦黑，内地的人们早已沉入梦乡，可这里的晚霞尚余晖未尽，鸟群正在盘旋归巢。

月亮升起来，又大又明，星星也晶莹硕大，高原夜空湛蓝如海，雪峰的轮廓，如剪纸般贴在天幕上，给人以透明、博大、温馨之感。星月离得那么近，仿佛伸手就能摘到；无论草木山水，以及我们自己都和夜融在一起，没有距离。俗话说："人间天上"在此时此地确实体验到了。

扎陵湖与鄂陵湖，也是鸟儿的乐园。鄂陵湖中央有鸟岛。天蒙蒙亮，我们便乘游艇向鸟岛驶去。鸟儿们从晨光无声的呼唤里醒来，一齐昂首向东方引颈欢鸣，像是很能欣赏湖上日出，又似在宣告新的一天开始了。每年4～5月，湖面刚刚解冻，湖滨绿草萌发时节，斑头

■扎陵湖

雁、黑颈鹤、棕头鸥、赤麻鸭、鸬鹚、玉带海鸥等十几种候鸟从我国南方和东南亚热带地区，千里迢迢，远渡重洋关山，飞到这里产卵、育雏。9～10月又成群南飞到栖息地越冬。我们披着曙色登上这个"鸟国"，一轮红日跃上湖面，只见群鸟倏地欢叫腾起，扇动翅膀，像要把彩霞剪下，驮回岛上似的。彩霞、翅翼、云影、湖波……全在天地间跃动，使人眼花缭乱。

向导告诉我们，扎陵湖入口附近就有三个鸟岛，由于地域偏僻，既没有人群观光惊扰，又无猛禽、凶兽伤害，鸟类逐年增加，大有和青海湖鸟岛媲美之势。

曾在报纸上读过文友祝咸禄先生写道鄂陵湖有供鸟儿会餐的"小西湖"——鱼餐厅的故事。原来，每年春天，黄河源头冰消雪融，河水上涨，鄂陵湖水漫入"小西湖"，鄂陵湖的鱼儿随潮流游入其中，待到冰雪化尽，水源枯竭时，湖水隔断，并开始大量蒸发，近于干涸，鱼儿死亡，被风浪推到岸边沙滩上。此时鸟儿们无须花力气捕鱼，只要飞到小西湖，随便入座，就可美美饱餐一顿。一时间群鸟会聚，遮天蔽日，欢乐的鸣叫声，几里外都能听到。因季节错过，虽然见"小西湖"影子却没见万鸟免费进餐的热闹场面。

沿着鄂陵湖畔向西南行，到达两湖之间的措日尕则草原。1300多年前，松赞干布自拉萨赶来这里，建起"柏海行馆"，迎接文成公主。李道宗代表唐太宗为他俩主持了婚礼，而松赞干布也以婿礼拜谢了江夏王李道宗。据传，当年草原上的夜晚，酥油灯火通明，歌声舞影彻夜不停，成了藏族人民夜以继日的狂欢节。如今只有草滩依旧，黄河迤逦东流，留下一个宽阔的空间让人去想象。草地上唯一可见的建筑，就是措日尕则多卡的佛塔和长达数百米刻着"唵嘛呢叭咪吽"

■黄河源头纪念碑

的六字真言经墙，寺周挂满经幡，飘飘洒洒，好像在日夜传递着藏族人民对母亲河的倾诉和对文成公主的缅怀。

从寺院后面沿着弯弯曲曲的公路盘旋而上，登上海拔4610米的措日尕则山顶，上立河源铜碑一座，碑身镌刻胡耀邦和十世班禅大师分别用汉文和藏文题写的“黄河源头”四个大字；碑身如牛头，碑顶如犄角矗立，颇能体现中华民族，黄河儿女的坚韧不屈的奋进精神。

从措日尕则山眺望，鄂陵湖、扎陵湖尽收眼底，东南是形如瓠瓜的“蓝色长湖”鄂陵（藏语称为“措鄂让”），就是以湖的颜色和形状命名，西面是木鱼般的白色长湖扎陵（面积526平方公里），由于水较浅，仅 8.9 米深，蓄水量不足鄂陵湖的一半，自西南角注入的河水在湖中形成一条明显的主流线，像一条乳白色的长带铺在扎陵湖上，将清澈的湖水分成两半，不失为一道景观。黄河将这对姊妹湖连在一起，她像一位自天边款款走来，既雍容又高雅的母亲，拽着扎陵、鄂陵两姊妹，向东悠然而去，而扎陵、鄂陵就像两个乖巧的女儿，舞动银亮的彩袖，飘曳拍天的裙裾，浮起湛蓝的微笑。久望母亲河从悠悠云天而来，又融入包容苍穹的大野，那意境无比美妙：

黄河之水天上来，

像又流到天上去。

……

自两湖再向西走 20 公里，便到了星宿海（藏族人称花海子），由于这里地势低洼平坦，黄河散乱漫流，形成了众多的湖泊、沼泽，大的有几百平方米，小的仅几平方米。玛曲河流经这里，已分不清哪里是主河道，随着河水的涨落，星宿海变化很大，但海子和水泊总是密密麻麻，数以千计；在阳光照耀下，熠熠生辉，好似无数晶莹的珍珠、宝石镶嵌在翡翠般的玉盘上，加上蓝天笼罩，宛如明净的夜空，闪烁着无数的星星。有关星宿海的传说有很多，说它是天边的宝石宫殿，星星的大本营，天上的星星都是从这里夜夜升上天空的，说这里有很多悲壮的爱情故事，

■飘扬的经幡

汇聚了世间情人欢乐、痛苦的眼泪等等，这些传说，都引不起我的兴趣。由于近些年气候趋暖，冰川在渐渐退后，加上过度放牧，植被破坏，黄河源区水源减小，沙化严重，有的海子在倾没，水泊在消失……面对陨落的星星，不由不泛起难言的惋惜和苦涩。好在“三江源保护区”生态工程已大力启动，水源得以涵养，草木得以蕴蓄，星宿海有望不再萎缩，恢复青春。

古代历朝对黄河源头的考察，好像都止于星宿海一带。唐贞观年间，大将李靖、侯君集及李道宗等，曾“次星宿川，达柏海，望积石山（阿尼玛卿）览观河源”。公元821年，唐吏刘元鼎出使吐蕃时，也曾考察过黄河源；元朝专使都实于公元1280年奉命勘查河源，发现河源在“甘尕思西部”（指星宿海西部），其描述报告“有泉百余泓，或泉或潦，水沮如散涣，方可七八十里，且泥淖溺，不胜人迹，弗可逼视，履高山下瞰，灿若列星”，可见认定星宿海是黄河之源头；清人阿弥达（乾隆年间）奉命考察河源后认定阿勒坦郭勒河（今卡日曲）为黄河上源，首次找到了黄河源头的一个正确答案。

1978年，专家翔实调查后肯定黄河分南北二源，分别起源于巴颜喀拉山北麓各姿各雅山下的卡日曲河谷和约古宗列盆地。两地海拔4600～4800米。

正源卡日曲，藏语意为“红铜色的河”，在4830米的缓坡草甸上，泉水潺潺涌出，沿滩地汇成宽不过2米的小溪，由西南向东北流去，沿途又接纳众多的泉水，汇成卡日曲。水清见底，两岸鲜花盛开。河水穿过100余公里的峡谷，在巴颜喀拉山与约古宗列曲汇合。

约古宗列，也是藏语，意为“炒青稞的锅”。这是一个南北宽约60公里、东西长约40公里的椭圆形盆地，夏季绿草如茵、野花繁茂，为藏族人的天然夏季牧场。“盆”内有湖泊100多个。像孔雀开屏般地闪现在雅拉达泽山下。而主河源就在离山的西南30多公里的一眼小泉里流出，汇成约古宗列曲。

卡日曲和约古宗列曲像母亲的两个乳房，千百万年不停地流出乳汁，养育了流程万里的黄河。这两条河，先是在星宿海以西16公里处融汇，形成黄河源头的一条主河，藏族人称之“玛曲”，即孔雀河的意思。这确实是富有形象、内涵的名字。在中国，谁都知道黄河源头在哪里，却未必了解黄河这个乳名和那首古老优美的歌谣。

巴颜喀拉山常年风飞雪舞，哪有漂亮的孔雀！为什么会有这个称谓呢？是源头的百缕水流，像孔雀羽翼垂挂在山野？是那水泊繁多的星宿海，闪闪烁烁，犹如孔雀的彩斑？也许是河源地区的藏家姑娘，在篝火旁边载歌载舞，彩裙翩翩，恰似一群开屏的孔雀？

面对黄河，藏家世世代代唱玛曲：

孔雀河上有孔雀，

羽毛插在净瓶里。

……

歌里有希冀和寄托，也是黄河的真实形象。

黄河源的姿容，确实是一群吉祥的孔雀，而圣洁的巴颜喀拉山，则是一尊巨大的净瓶。只要游历了黄河源头，一定会为玛曲歌深深感动，也会认定，河源是一群起飞的孔雀。

生生不息的河源人

居住在两湖、玛多一带的藏族居民，总是自豪地自称“河源人”。他们以憨厚、好客、勤劳、剽悍著称，世世代代生息繁衍在母亲河旁。一出生，便在羊皮的襁褓里度过婴儿期。接着，在草地上爬，马背是他们的摇篮，不断地随父母带着帐篷迁徙。学会走路不久就练习骑射。七八岁便甩动绳鞭放牧牛羊。女孩子带弟弟妹妹帮母亲挤奶、打酥油、烧奶茶、捻毛线。现在鄂陵湖边已经办起了牧读小学，免缴学费，还管吃住。这些善骑射的孩子，课余时间也打篮球，用法鼓和宗教乐器排练歌舞。改变几千年世代文盲状况，告别了用土块在石板上划道道数牛羊、买东西算不清账目、任卖方数钱的窘态。有了自己本民族、本地区的大中专学生、医生、教师及科学技术人才。

中、青年人，无论男女都留长发，男人也戴首饰，扎着头帕。风雪、紫外线赐予他（她）们黝黑的肤色，

■佛塔

刻出岩石般的脸。每到夏季，便只身赶着牛羊，驮一顶小帐篷到人迹罕见的巴颜喀拉山上放牧，忍受着深山里的孤独，直到放肥了牛羊，才回到秋冬牧场和家人团聚。几个月索居离群生活十分艰苦，周围几十平方公里，只有自己孤独的帐篷和一群牛羊，日子像长满荆棘，陷入泥泞般的难熬。更不要说和风雪严寒，狼群搏斗——从夏天到秋季，放肥了牛羊，熬老了孤独寂寞。这单身放牧的生活比起祖祖辈辈牧人，好在随身有一台收录机，可听听山外的广播节目，特别是成百上千遍地放一盘磁带，听听女儿的笑声，妻子的"拉伊"，能感到一丝温馨和慰藉。

老人们在定居点里从事轻微劳动，捻毛线、摊过冬的牛粪饼。晴朗的日子，坐在太阳下嗅鼻烟，或买瓶酒"吹喇叭"，慢慢品尝生活的香醇。天天到寺院听经、拜佛，或绕着石头垒成的经墙膜拜、

■转经轮的河源人

祷祝，祈求儿孙平安、牛羊兴旺。大部分的河源人一辈子没到过县城，没看过一场电影，连飞机、火车是什么模样都没有见过，在高寒的天地之间，默默地生长，默默地升天。

河源人自己放牛羊、挤奶、吃肉、穿皮，同时卖掉多余的牲畜，换回生活所需的其他用品，过着自给自足的生活。在这里，没有尔虞我诈，没有权力之争。居民们对人诚恳、热情、实在。在这片“世外净土”里过着自由自在的生活。

他们是世界上生存海拔最高的居民群。内地人不能想象，也无法忍受这里荒凉、寂寞、寒冷和缺少热闹气氛的生活。试想，内地人如果来到这个常年风雪不断，年平均气温在 -5℃以下，而海拔又高达 4500 米以上，缺氧 50%，沸水只有 80℃的高寒区，能像河源人那样，生活得有滋有味吗？

河源人以惊人的勇武、坚韧和忍耐力，把地球人生存的海拔高度推到一个极限。不要说他们还建起了自己的城镇、学校、商店、乳品厂、采金场……仅能在海拔 5000 米的高山上生存下来，就已经无愧于蓝天白云了。

从玛多向西南行，来到巴颜喀拉山下。藏族人叫它阿嘛呢木占木松，即祖山的意思，翻译成汉语是青色的山，系昆仑山的主要山脉之一。昆仑本匈奴语，意为横山，它东面绵延 2500 公里，平均海拔 5000 米，横亘在世界屋脊上。西段喀喇昆仑山将藏北与塔里木盆地分域；东段 1300 公里，横陈于青海高天。东昆仑山拥有三大山系，北支阿尔金山——祁连山，中支昆仑山——巴颜喀拉山，南支唐古拉山，组成华夏祖脉，养育了三条大江（长江、黄河、澜沧江），乃我华夏的山根水源，也是中华文化之源、风光之源、民族魂魄之源。

不知不觉中，已行进在海拔近 5000 米的巴颜喀拉山中，巴颜喀拉山并不像我们想象中那么挺拔、高耸、威严，而是山势平阔，像海岸的沙丘一样和缓，但它气势不峻却很恢宏。

终年穿一件紧身衣，

没有孤高气焰。

任季节驾风车雪辇驰骋——

时而飞雪缠绵，

时而蓝天悠远，

雨在身边洒，云在脚下转。

蓝得想象，白得高洁，

黄得扎实，绿如梦云。

要不是青山做栏杆，

仿佛几步就能走上地球边缘！

——《风范》

倒是说出了几分昆仑山—巴颜喀拉山一带气候多变，祖山圣脉居高不显高，博大、朴实等诸多性格特点。的确，山的相对高度差不大，可风光、气候却岭岭迥异。刚刚还是阳光明媚，花开十里，可一翻过山梁，竟是风雪交加，转瞬白茫茫一片，铺满原野和丘峦。我这才信了常走青藏的人说的话："一天可以经历四季。"再翻过一岭，风雪又骤然停止了，黄昏的彩霞和天、山、草原、公路构成一幅水墨画，浓重又清晰，雾气贴地弥漫，野花带雨吐香争艳，绿草间留着冰雹残珠，夕阳和炊烟缝合出一派清新、静谧，大鹰在头顶盘旋，编织无形的图案……奇幻万千的景色，让人应接不暇。难怪有人赞叹：青藏高原上的风物，时时处处都没有重复出现过。

第七章 通天长河玉树临风

陛下平定四方。日月所照。并臣治之。高丽恃远。弗率于礼。天子自将度辽。黎城陷阵。指日凯旋。虽雁飞于天。无是之速。夫鹅犹雁也。臣谨治黄金为鹅以献。

■通天河

直门达渡口

翻过巴颜喀拉山，经过清水河，抵达通天河边直门达渡口。这是唐蕃古道在今天青康公路上一大要津。激流上建桥不过是20世纪50年代的事。以往几千年，冬季冰封时，靠走冰桥过河，夏秋季节乘牛皮筏摆渡。牛皮筏有三种：一种是将几个牦牛皮袋连在一起，组成牛皮船，周围用布或皮围子挡住飞溅的浪花，使乘筏者有安全感，又不被打湿衣服；另一种与大河家的单个牛皮袋一样，仅容一人钻进袋里，水手伏在袋上以手当桨渡河；还有一种最有趣，一些谙知通天河水络，善于劈浪的把式，则随身携带一个牛皮筒子，将行李衣服塞入筒内（如嫌轻，就捡一些石头放进去），然后吹足气，扎紧气孔，人伏在上面，一手划水，一手牵马，马头昂在水面跟着主人泅渡，过河后，将皮筒折叠起来，驮上马背，依旧赶路。

当年文成公主由此渡河，乘坐特制牛皮彩筏，身边有游泳“健将”保护，水中有马群簇拥，两岸有臣民迎送，非但感觉不到“走遍天下路，难过通天渡”的惊险，倒领略了在惊涛骇浪中，如在摇篮的惬意。

通天河系长江上源的主干河道。长江正源沱沱河发源于6620米的唐古拉山各拉丹冬（藏语意为“高高尖尖的山峰”），雪峰西南姜根迪如冰川的两股融水汇成一处，便是万里长江的起点。沱沱河汇聚冰川雪水，穿过祖尔肯乌拉山30公里峡谷，水流散乱，时合时分，像藏族姑娘松散的辫子，河谷两岸形成大片沼泽和小湖泊，到囊极巴陇（青藏公路以东58公里），当曲自左岸汇入。当曲的长度虽不如沱沱河，可水量远比沱沱河大，是长江另一重要源流。沱沱河经过370公里流程，到当曲口以东汇合尕尔曲、布曲、当曲、楚玛尔河四条水流，始称通天河，奔向玉树大草原。

华夏的母亲河，中国第一大河长江流经11个省（市），用她甘美的乳汁，哺育着三分之一的华夏儿女。可解开她源头之谜，却用了几千年的时间。

远在战国时《禹贡》中有“岷山导江”的说法，把发源于甘肃、四川交界的岷江，当成了长江源；一部唐书上指出“江出犁牛河”，犁牛河就是通天河，也只是挨着点边儿；明代著名旅行家徐宏祖在《徐霞客游记》中认为古丽水（金沙江）为长江源，还是没摸清头绪；清朝绘制的《康熙内府舆图》上载明通天河是长江上源，当时的探察人见通天河上游有几十条支流，分不清哪是正源，只得笼统交待，“江源如帚，分散甚阔”；民国的教科书写着长江发源于巴颜喀拉山南麓，把一条流入通天河的色吾曲小河当成了长江源，其实离源头

还有700多公里哩。1949年后，一般认为长江有南北两源，北出楚玛尔河可可西里山，南出木鲁乌苏河祖尔肯乌拉山，还是没搞清真正源头。直到1978年，中国长江考察团经过3个月的实地探察，才了解清楚，原来长江全长6380公里，江源地区有楚玛尔河、沱沱河、尕尔曲、布曲和当曲五条大水流，后四条汇成通天河，其中沱沱河最长，按照“江源惟远”原则，沱沱河该是长江正源。

通天河大桥东侧有晒经台，是唐僧师徒取经返程时在通天河乘老鼋落水上岸晒水湿经卷的地方。《西游记》九十九回写道：“老鼋驮着他们，劈波踏浪，行经多半日，将次天晚，好近东岸，忽然问曰：‘老师父，我当年曾央到西方见我佛如来，与我问声归着之事，还有多少年寿，果曾问否？’原来那长老自到西天玉真观沐浴，凌云渡脱胎步上灵山，专心拜佛，及参诸佛菩萨圣僧等众。意念只在要取经，他事一毫不理，所以不曾问得老鼋年寿……老鼋即知不曾替他问了，就将身一晃，呼啦的淬下水去，把他四众连马并经，通皆落水。”

唐僧取经，历经九九八十一难，最后一难，就发生在这通天河直门达渡口。是否是老鼋驮渡，不得而知，但水急浪高，落入水中倒是可能。唐僧师徒晒干经卷走了，只留下河边一块几丈见方的岩石（后人称晒经台）至今还在，上依稀可辨沾破《本行经》的字迹，成了通天河旁一个景观。

唐玄奘在印度学佛取经计十七年，返程经过青海属实。来去两路比较，走青海道不用穿越浩瀚戈壁沙漠，没有渴毙之虑。而且当时，唐蕃古道早已畅通，大唐与吐蕃因文成公主和亲而处于友好期，沿途驿站众多，吃住、换取通关文牒也比北道更为方便。

勒巴沟，美丽的沟

通天河西岸，距直门达渡口10余公里有一条山沟叫勒巴沟，藏族人称为“美丽的沟”。是高原风光的突出代表，从上到下，托出一幅垂天的立体画卷，蓝天下冰峰雪岭晶莹闪烁，山腰森林茂盛，松杉挺拔，托出无限生机，山麓清流溅珠，芳草萋萋，野花烂漫……组成崭新、罕见的高原美景。

然而勒巴沟更美丽的是石刻艺术，沟口有一座嘛呢石堆，数以亿万计的片岩、板岩、变质岩片上镌刻着六字真言，每个字都涂以不同颜色，五彩斑斓地展示着宗

■美丽的勒巴沟

教文化的丰富与瑰丽。距此不过半里是一座嘛呢石砌成的宝塔，自塔身向四面扯着猎猎经幡，微风拨响天籁之声，像千百佛徒在轻轻祷祝，又似自己灵魂的低语，融入一个肃穆而圣洁的境界。沟中两面巨壁上，刻着几尊大佛、菩萨雕像，以及象、马、虎、鹿等瑞兽，生动异常。佛与菩萨雕像等从服饰到造型都是唐代风貌。

原来文成公主渡过通天河后，经过勒巴沟，被沟里美丽的风光迷住，便在这里休息了些日子，并命随行工匠，按她的意旨刻下这些唐佛。传说每天有18个藏族姑娘、18个小伙给公主唱歌跳舞，特别是藏族长者给公主献上刻有经文、佛像的嘛呢石，使公主大为高兴，命工匠按此雕刻。公主的虔诚感动了佛祖，第二天清早公主起来，见山间布满佛像和嘛呢石。勒巴沟从此成为神圣之谷，藏族人民一代代都在沟中雕刻嘛呢石，使勒巴沟成了佛、经沟。

■山嘛呢

距沟口一公里多的石壁上镌刻的众多佛像，神态各异，有的慈眉善目，有的怒目睁圆，有的正斗邪恶……周围用古体藏文雕刻着《般若经》《无量寿经》片断。佛像群雕均系藏传佛教造型，显然是后期的作品，可见文成公主在此雕佛像的影响力。

进沟四公里许，是勒巴沟石刻文化最精彩的部分，沟壑中有108个小型嘛呢堆、108个佛塔；沟边峭壁上刻满了经文，其内容有六字真言，有警世格言，有咒语，也有颂词……十分丰富。字体多变，小则如豆，大至一字占了一块巨型石壁，不仅是宗教文化展览，也称得上自文成公主以来的藏文书法碑林。经过1300多年的刻经、凿岩、雕佛，以致今天看到一沟经石，溪水里浸泡的是经石，花草覆盖下是经石，从泥土里挖出的岩石上也是经石。勒巴沟变成了经石收藏沟，到处是汉藏民族友谊源长的记录，闪烁着汉藏石刻艺术珠联璧合的灿烂光辉。勒巴沟不仅是自然风光、宗教艺术、古史文化三美并收，也是藏族人民引以为豪的智慧之沟。

那巨大的“六字真言”，集中在一处，是怎么刻在山崖上的，是每个游人观瞻后，免不了的询问。原来，既没有架梯垒台，也不用腰束绳索从山顶坠下崖壁，而是利用严寒气候，将牛粪、黏土、水和成泥贴在石壁上，形成梯阶，供人上下施工。待天气变暖，“牛粪阶梯”自然剥落、消失。而壁上大字，也不是事先剪样贴到崖上，是刻在牛皮上，夜间以酥油灯光投影的办法，放大在峭壁上镌刻的。

■水嘛呢

文成公主庙

从勒巴沟南行20公里，到达青海省玉树藏族自治州首府结古镇，这个州地域十分特殊，长江、黄河、澜沧江都在州境内发源。真是中华民族母亲河的摇篮！中华水塔的塔体！也是“三江源”国家自然保护区的核心地段。结古四面环山，虽然海拔在3700米以上，但却形成了夏凉冬不寒的小气候。扎曲、巴曲河横穿镇区，汇流镇中，又注入通天河。镇上有人口约两万。街道小巧漂亮，绿树掩映。居民住房色彩装饰鲜艳，家家院里都是一个小花园。

作为西宁、康定、拉萨三地之间的重要贸易集散地，从四川、甘肃、山西、陕西、西藏等省区都有来结古镇经商的人。附近的旅游点也不少，镇的西南方是黑颈鹤保护区隆宝滩，西边有文成公主庙，北有通天河畔的唐僧晒经台……

■文成公主庙

■文成公主塑像

玉树人喜欢歌舞，有歌舞之乡的美称。玉树人穿戴也很漂亮，在青海的居民中独具一格。青年好戴礼帽，身穿宽大藏袍，镶氆氇或水獭边，腰系镶珠宝的腰带，挎一把精巧的腰刀。

由于水土好，这里的姑娘长得漂亮，加上挽了时兴的发髻，再缀上红绿珠宝，藏袍下又配上高跟鞋，走起路来像风中飘拂的杨柳枝一样婀娜多姿。

凡到玉树的人少不了会去游文成公主庙，我们驱车出镇，沿巴塘河行 10 余公里，然后过桥再顺青山折回，拐入贝纳沟，进入松柏耸翠、山溪飞溅的幽静山谷，便看到一座三层两角的庙宇靠崖而立。它就是藏族人常年膜拜的文成公主庙。

传说文成公主和松赞干布在“两湖”成婚后，来到这里，看这一带景色迷人、气候宜人，而且长途跋涉后也需要休息，于是两人便一住就是一个多月，正式开始了藏王和汉公主的蜜月生活。

进了庙里，看香案上点着一排明晃晃的酥油灯，两条绸带从梁上披垂下来，挂满了藏族人敬献的哈达、绸缎。正面崖壁上有九尊大佛浮雕，中间大佛如来，由两只伏卧的雪狮驮着，两边侍立了普贤、文殊、金刚手、除盖障、虚空藏、观世音、弥勒、地藏等八位菩萨。整组浮雕像依就山势，安排得很巧妙，工艺也精湛。而且听说都是按文成公主的构想设计的，由从长安带来的工匠雕塑而成。文成公主还指挥工匠在沟中的岩壁上刻了数十尊佛像和许多佛塔。左边崖石上有藏文创造者吞米桑布扎亲手书写的梵文 13 行、藏文美术字 30 行以及文成公主书写的汉字楷书 16 行。可惜由于风吹雨蚀，加上人们抠字治病（即将石字敲下来，磨成粉吞服，据说可以治百病），至今只有几个字依稀可见，现见到文成公主真迹如此，实为一遗憾。

庙官告诉我们，文成公主深得藏族人爱戴，并以空前的仪式欢迎她的到来，庙内东西墙上，有后人的各种彩色壁画，记录了此次迎接的盛况。其中最感人的有山神砍树清道，龙王也显现迎驾的情节。公主不仅造佛教化一方，还令随行的长安工匠帮藏族群众开荒种地，驾起“二牛抬扛”拉犁耕地，又传授了种菜、磨面、酿酒技术。后来，文成公主起驾离开玉树，向拉萨进发时，玉树的居民都依依不舍。之后，藏族人民还保留了她的帐房遗址，甚至把她的足迹和相貌都刻在石头上，以便怀想。今天，这几处遗迹都被藏族人民抹上了酥油，粘上了羊毛，放上了石子，这算是藏族人民祝福礼仪的最高礼节了。平时还有不少人来这里跪拜，祈求公主英灵保佑。

公元710年，唐中宗时，金城公主步文成公主后尘，婚配藏王尺带珠丹。路过勒巴沟时，曾凭吊了她的姑祖母。金城公主派人在雕像上修筑了一座庙宇，并赐名“文成公主庙”，为后人保存这片永世纪念的圣地。

草原歌舞节

通天河，古称犁牛（牦牛）河，藏语叫“珠曲”，意为“牛奶水”。是长江上游的一段，它从玉树藏族自治州境东北部穿过，流经称多县始叫金沙江。

玉树人中流传着通天河的神奇故事：古时候，玉树草原比天堂还美。玉皇大帝看见说：这还了得，竟胜过了我住的地方！于是命令一头神牛，限三天内啃光草原上的草，踏平奇峻的山，把玉树变成不毛之地。神牛下凡后，被玉树的美所吸引，再加上热情好客的藏族人感动了它，因而神牛非但不危害草原，还替草原人做事。玉帝谴责神牛，神牛不但不听，反而登上高峰大吼三声，还从鼻孔里喷出两股奶水般的清泉，把草原浇得更加美丽、富饶……神牛当然逃脱不了惩罚，被玉帝变成了石头。而这奶水般的通天河，千万年养育得两岸草场丰美，牛羊肥壮，成了玉树人的骄傲。

而另一个有关牦牛河的传说，竟以诗的形式出现：

天地间一头神牛，

憋得满胀的乳房——

一汩汩，

从云中浇下来，

汇集着草香和洁白。

——《犁牛河的传说》

直接道出神牛喷出的奶水，变成了滋润玉树草原的通天河。每到夏日，阴历六七月份玉树人便跳“锅庄”庆贺，在“牛石”前煨桑祈祷。一年年延续，演变成了载歌载舞的喜迎丰收的草原盛会。其中，通天河边称多的六月盛会规模最大。

■帐篷城

■草原盛会上的佛事活动

■盛装参加草原盛会的藏族妇女

当我们赶到称多时，看到通天河这宽阔的草原上，搭满了帐篷，超级大帐篷可容数百人。其他大大小小的帐篷围绕着大帐，有容数十人，也有容三四人不等的。这一片临时聚起的帐篷，白天看去像雪莲花般开满草地；夜晚亮起灯火，又似千百盏白纱灯照亮在草原上。

附近寺院的喇嘛、僧人也乘着汽车、打着旗幡来同庆六月大会。

当活佛、喇嘛、地方官员和名流在大帐台前就座之后，煨桑烟袅袅升起的时候，呜呜的长号声、咚咚的法鼓声便响彻这成年寂静的草原。喇嘛、僧人举着经幔、彩幡红浪似的流过绿野进入会场。铁棒喇嘛维持秩序，护法神手持金刚杵，穿着彩袍开道，使六月会的开幕式增添了庄重的宗教气氛。本来，按僧规喇嘛们是不能在这种群众集会上跳神的，可是为助兴，或者是在大会筹办人的诚恳相请下，他们也破了清规。

舞蹈以“迎宾曲”为序幕，一群盛装男女边唱边舞，向宾客敬酒、献哈达，歌词大意是：

酿出的美酒三千年了，今天迎来尊贵的客人……柔情、亲切，带着藏家浓浓的尊客好礼美德！

青海藏族的载歌载舞，以玉树地区最具代表性。有传统的“卓”“依”“热巴”“热依”“锅哇”“拉仓”等数十种，尽情挥洒欢乐。

“依”是人人都能参加的大型集体舞蹈，是藏族人民日常劳动的艺术再现，如收青稞、打连枷、骑马、挤奶、剪羊毛等。舞姿起伏变化，轻松活泼、浪漫亲切，上百男女在“伊邦”（领舞）带领下，以圆圈或半圆圈形式变换队形，又跳又唱，故民间叫它“圆圈舞”。据当地人说，圆圈象征太阳，半圆圈象征月亮，有古老的图腾崇拜迹象，展示人与自然的和谐。舞蹈由轻歌曼舞到欢快热烈，男女彩袖高飘、轮飞，使人眼花缭乱。特别是脚腕上系着铜铃，叮叮作响，既像伴奏又传达出活泼、轻快之情，藏族人民跳“伊”可通宵达旦，是百看不厌的舞蹈。

“热巴”动作复杂,难度较高,如仰转,翻腾,热烈欢快，充分展示出藏族人的高超技艺。

“热依”除表现农、牧业劳动的动作外，还模仿飞禽走兽的动作，如雄鹰翱翔、狐狸跳跃、小鸟啄食等等，故特别生动活泼，风趣幽默，引得牧人笑声不断。

“热巴”和“热依”类似藏族的圆圈舞,始终以歌相伴。

“锅哇”即武士舞，是庆贺战胜的舞蹈。内容表现勇武、顽强，消灭异族侵略者及邪魔鬼逆。故多模仿战

■载歌载舞

斗动作（如射箭、击剑、劈刺），伴歌较少，属“哑舞”类，场面宏大壮观，充分显示着一个民族的力量。

“拉仓”意为跳神，只有僧人能跳，戴着牛头、鹿头、骷髅护法神、狮王等面具，手持弓箭、刀、斧、盾牌、铜铃、手鼓、豹尾、马尾……在乐器伴奏下舞蹈，或为纪念某位神佛，或表现佛经故事，或驱魔消灾……形式多样、内容丰富。

当然，盛会上还有十分精彩的体育表演，飞马射击，激起欢呼声浪；马术“镫里藏身”，翻身拾哈达博得全场呀呀地喝彩；命中靶心的箭法引来人群抱团庆贺；声势浩大的赛马又吸引住了所有人的目光，人们拥向胜利者，献哈达敬青稞酒，把红绸披在他们身上，挂到马头，他们成了人们心目中的英雄，同时也成了姑娘们追求的“心上人”。妇女们穿戴十分漂亮，近于纷繁，她们倾其家当，把碗大的首饰以及一串串的珊瑚、玛瑙、松耳石……各种宝贝挂满胸前、戴在手腕、别在头上；彩色的藏袍，配上水獭镶边，甚是珍贵。据计一个妇女身佩的衣物首饰，其价值在百万元以上。

一连几天，人们都陶醉在歌舞的欢乐里，每个夜晚，人们又沉醉在饮酒、唱酒曲、谈情说爱、访亲会友、物

■盛装起舞

资交流的海洋中，而每个人既是观赏者，又是表演者，都是海洋中一个个欢快的浪花。

六月会，既是草原上迎丰收的盛会，也是藏族人的“狂欢节”和“情人节”。

隆宝滩净界

鹤是象征长寿、富贵、祥和的珍禽。黑颈鹤以其珍贵稀有、体态优美而位居鹤中之冠。它与大熊猫、金丝猴并称为稀世三珍。习惯于在海拔 2100 ~ 5000 米的水草地生活。

黑颈鹤是世界上唯一生长、繁衍在高原的鹤。有近

■黑颈鹤

200只每年3～10月结队飞到青海玉树隆宝滩、柴达木盆地诺木洪、巴音郭勒河，以及青海湖、扎陵湖等沼泽地生育繁衍。青海是黑颈鹤之乡，它的生态环境决定了这濒临灭绝物种之兴衰。

隆宝滩距玉树州80公里。十里长滩风光优美，泉水、溪流纵横交错，分割为无数茵茵绿岛，是黑颈鹤生息的理想之地。近百只黑颈鹤与雁、鸥、鸭、雪鸡等数十种珍禽愉快的生活着，享受着“高原桃源”之高远安然。

每年4月，从云南、贵州结队飞来的黑颈鹤群，开始了它们的发情交尾期，在隆宝滩，往往可以看到黑颈鹤的婚礼。这种特殊的婚礼，没有请柬，只能远远地静观，雄鹤围绕雌鹤站在一旁，雌鹤头戴小红帽，颈围黑围脖，身着“超短裙”，对雄鹤不理不睬，像一个骄傲的公主。雄鹤见舞蹈不能打动对方的心，便停下来，引颈高歌，一声比一声悠长，虽然我们不知道它们具体唱些什么，但能肯定的是“情歌”字字真情，“情话”句句吐爱。唱了一阵，大概是歌声打动了雌鹤，它傲气全消，并慢慢向雄鹤靠近，随雄鹤伴唱大有夫唱妇随之态。接着是雄鹤和雌鹤双双边舞边唱，达到了婚礼“高潮”。雄鹤跃到雌鹤背上，十多秒钟后交尾结束，当它们安静下来，表示“婚礼”完毕，双双比翼起飞，进入芦苇或灌木丛中，选择佳地，营造新房，准备繁衍后代。黑颈鹤5月产卵，雌雄轮流伏在巢里孵卵，觅食者带回来喂给坐巢者，充分显示出平等与互爱。待雏鹤破壳，夫妻尽心喂养，领着它觅食、练习飞行本领，九十月份举家飞回云贵越冬。

当地藏族牧民把黑颈鹤视为朋友，亲昵地称之为“格萨尔达孜”，认为它是民族英雄格萨尔王的马官达孜的精灵所化。赋予了十分高尚、纯洁的含义。

隆宝滩是一种净界。黑颈鹤选中了它，它也高贵了黑颈鹤。

■互诉“情话”的黑颈鹤

黑颈鹤数量正在逐年增加，在美丽的藏地，舒展着迷人的身影。

世界第一大嘛呢堆

玉树藏族自治州首府结古镇东的一个村落叫新寨。它闻名全藏区，就是因为拥有一座世界上最大的嘛呢堆，经过600多年，积累了25亿块嘛呢石，如以其壮观程度衡量，叫“堆”不确切，应该叫嘛呢山，而那亭亭十丈屹立的嘛呢塔则是它的山峰。可惜20世纪60年代“文革”时期，毁掉了这座宗教文化山，没有一块嘛呢石残留。20世纪80年代得以恢复，规模并不亚于从前。新寨又名震青藏。

每年农历十二月十五日至二十一日是新寨佛事节。西藏、昌都、甘南、川西北及青海地区的藏传佛教信众，多达数万人，来这里“转嘛呢”。据说这时节转嘛呢的功德比平时要高20倍以上。当地人叫“嘉那邦穷”（嘉那指结古寺第一个活佛嘉那朱古，邦穷是藏语，汉译为节日），就是纪念嘉那活佛的节日。

嘉那朱古是萨迦派（花教）结古寺一世活佛，也是新寨嘛呢堆的创始人。他曾先后在峨眉山、五台山修行各十年。下山前一个夜晚，梦见文殊菩萨指点他：“你的故乡通天河畔有一眼神泉，泉中有一块嘛呢圣石，你要找出来，建成嘛呢堆，如种下万世福田……”嘉那遵照文殊意旨，回到结古，终于在新寨一眼泉水中找出那块梦中石头，上面的天然纹路，显现着“六字真言”。嘉那把这块圣石放在村前，任人瞻仰，信教群众纷纷效仿雕制嘛呢石，放在圣石周围，长年累月，就堆成了一座世所罕见的嘛呢山和塔。因嘉那活佛得圣石是十二月十五日，所以每年这一天就成了转嘛呢的节日。

如今在新寨村前五六千平方米的广场上，嘛呢石砌成高、宽各 1.7 米左右的石经墙，从广场周边，曲折迂回地向广场中央盘绕，经墙间，有两米许的巷道，上空飘着印有佛教真言、警偈的彩旗，平添了几分肃穆与恢宏。20 多亿块石头书册，围绕着雄伟的嘛呢宝塔，组成了一个独特的宗教石头图书馆，又像是神秘莫测的宗教文化阵。

■玉树新寨嘛呢石城

沿经墙朝拜一圈，步行约 500 米，藏族信徒们，以转 100 圈为功德圆满，计行程达 50 公里。而转嘛呢的信徒们却乐此不疲，连老人们也精神倍加。可见宗教信仰产生的力量之大！转嘛呢竟可练铸藏族人坚韧、耐劳的优秀品格。

全民信教的藏族人处处、时时，终身念诵："唵、嘛、呢、叭、咪、吽"。据经典阐释："唵"表示"佛部心"，念此字时，身要应于佛身，口要应于佛口，意要应于佛意，只有身、口、意与佛成一体，方能获得效益；"嘛呢"梵文意为意宝，表示"宝部心"，修得此宝，入海无珍不聚，上山无宝不得；"叭咪"梵文意为莲花，表示"莲花部心"，喻示人性如莲花般纯洁无瑕；"吽"表示"金刚部心"，意为依靠佛力，能得正觉，成就一切，普度众生，达到成佛愿望。我试言其修炼欲达目的：人性如莲花般纯洁，身、口、意紧贴佛旨，不仅能满足个人今生来世愿望，还能超度众生。

于是这藏传佛教口密修法——念诵六字真言，成了僧、俗（特别是信教百姓）影随一生的必修课。

然而一遍遍吟诵，到底有限，于是便以手摇嘛呢、推转嘛呢以增大念祷次数——有人称它为"念经机"，内装经文，摇或推转一圈就念了一遍经文；又将六字真言刻石垒堆，围着嘛呢石堆走一圈，有多少块经石就等于念了多少遍真经。新寨有 20 多亿块嘛呢石，只要转过一圈，如同念过 20 多亿遍经了。

到底要念多少遍才能修好今生来世，谁也不知道，也说不清楚，只是一个劲地、想方设法虔诚地念诵下去而已。不过，可以肯定的是，这种长期运动，倒可使人忘记烦恼，调养身心，有利于健康。

第八章 藏北高原牧歌长夜

陛下平定四方○日月所照○并臣治之○高丽特迈○弗率于礼○天子自将度辽○隳城陷阵○指日凯旋○虽雁飞于天○无是之速○夫鹅犹雁也○臣谨冶黄金为鹅以献○

■藏北草原

康藏路上琐记

唐蕃古道越过通天河后，便从玉树藏族自治州的杂多县，翻越唐古拉山脉的查吾拉山口，进入藏北高原。再沿青藏公路的南段，经过那曲和羊八井，最后到达它的终点拉萨。从杂多到那曲的一段古道，大部分要跋涉在终年积雪的高山上，而且有400多公里的地段几乎没有人的踪迹。如今，这段古道无车行之便，又没人行走，除骑马就得步行，最快也得花费半个多月时间，而且途中将有意想不到的艰难困苦。于是我们改走南线从玉树沿青康公路入藏，然后转康藏公路，再沿着唐古拉山的南麓至那曲。

康藏公路与青藏公路迥然不同。在青藏路上行车，总觉得那么开阔、一望无际，连司机也有闲暇观赏车外的风光。可是行驶在康藏公路上，心情就变得紧迫了起来，常担惊受怕。沿唐古拉山的南坡走，山脉变化大，溪流河谷多，相对高度差也大，因而公路曲折崎岖，往往一边贴山崖，一边临深渊。走在这险路上，只要车子一开动，司机和乘客就都眼睁睁地看着路面，始终提心吊胆。

在青海藏区，背水是妇女的事，没见过男人弓腰驼背，负着大木桶行走。要是有，那就成为牧区的特大新闻了，而这个男人也会被同性视作没出息，缺少男子气。可是在康藏路途中，男人背水却是平常事，这是因为山高、坡陡、路滑，女人体力不支的缘故。这风俗也是特殊的地形、气候条件造成的。

藏东北的山林里，藏

1
2

■ 1. 筑路战士们用绳子拴在腰间，在悬崖陡壁上开凿康藏公路

■ 2. 川藏公路北线、南线分别于 1954 年和 1969 年建成通车

族妇女很强悍，骑马、放牧、种地都是一把好手，她们吃苦、耐劳、泼辣，且当家理财不让须眉。她们穿着黑色藏袍，头戴红巾，骑着骏马风般地奔驰。一群群“女当家”，说说笑笑，英姿飒爽地来往于林间土路上。

而在同一条路上，见到另一个镜头：一位瘦小的少年男子，骑着一头公羊，颠颠簸簸而来，两者相比，令人不禁捧腹。因为康藏地区气候变化大，牧人储存干草，很有必要，否则，一遇大风雪或者暴雨山洪，便会眼看着牛羊挨饿、掉膘而毫无办法。牧人把割来的草，晾在棚架上，像南方人晾麻，又像北方的薯粉作坊在晾粉条。在牧民家里，还见到了羊肉的储存，既别致又科学。一块块肉色泽鲜红，挂在房子里，经年不变质。原来房子结构很独特，通风又阴凉，像一个土冷库。

朝拜与祈祷

藏族人，特别是中老年人，天天念经，手摇“嘛呢”，内装经卷，坐着、走着边摇边念，成了日日不可缺的功课。

如今，这念经的方法，已发展得很巧妙。我们在康藏公路上，也见到让流水代替人念经。以天然的力量摇动经筒的景观。当地的人们在一条山溪上支起木架，中间一根木柱子，上端连着“嘛呢”（经筒），下端楔几块木片形成轮状，插在水中。借着湍急的山溪推动水轮，“嘛呢”就旋转起来。按藏族人的说法，转一圈“嘛呢”就等于人念一遍经书。看经筒在溪上日夜不停地转动，像一个永不疲倦而又虔诚的老人，在无休止地“念”着经卷，祈求人畜兴旺，祛病消灾，也为商旅过客祷祝一路平安。借水推动的经筒，虽然简单，却体现出了藏族人的聪慧。即使有一天，在河面上建起电站，飞速的涡轮也替代不了它。因为它转的是一种虔诚，一种寄托——再抗磨的机器，寿命也是有限的，而信仰却无尽头！

在如此荒僻的康藏路上，那些古老的寺院，在“文革”时期也难逃厄运。当我们进入一个名不见经传的小寺，那些新近制作的泥佛和“唐卡”，并没引起我们多少兴趣。然而当寺主让我们看那珍藏的十一面观音时，竟引得大家赞不绝口。佛面的造型，既有印度佛雕的特点，又有唐宋雕刻的风格。无论观音的寂静相、利牙观相，还是威猛相，都有恰如其分的表现。特别是最下层的佛身，观音手抚前胸，呈现深深的痛苦，似正在感化人们痛悟反省。佛帽莲花层层展开，构图巧妙，耳坠的法轮，既有宗教意义，装饰性又强，镂空技艺也精湛，是这一路上所见到的佛像珍品。

■手摇“嘛呢”的老人

■朝圣之路

一路的很多关津路口，都可以见到嘛呢石或经墙。远远看去，像丰富多彩的瓜果摊。每颗嘛呢石上都涂有触目的色彩，上面刻着藏文六字真言：唵、嘛、呢、叭、咪、吽。大的如旧式枕头，小的如鸡卵。藏族人把转嘛呢石视为功德。每逢节日，一群群的信徒绕嘛呢石堆，转的圈越来越多，而且边转边拜。平日出家远行，路过嘛呢堆，一定要从嘛呢堆北面走；返回时，要从嘛呢堆的南面走，以表示完整地念完一遍经文。据说，年老的人转嘛呢石，可以修死路，进天堂；有疾病的人转嘛呢石，可以躲避病魔；负罪的人转嘛呢石，可以消罪盖愆。

这里的藏族人也喜好朝拜圣地，如果能到拉萨布达拉宫磕头观佛，将被视为一生中最大的幸运，因为这就等于修行了通向天堂的道路。我们一路上见男女三五成群地背着酥油、炒面，向拉萨的方向跪拜而去。都是叩长头，以身体丈量大地。每当见到寺庙、佛塔、经墙和敖包，口中喃喃地祈祷。几百、上千公里的路程，就这样一步一叩地前进，直磕得蓬头垢面、衣衫褴褛。为到达目的地，不惜倾家荡产，即使在途中丢掉性命，也在所不辞。当地群众，每见此景，都慷慨解囊，以示支持。

雪域牧歌

沿康藏公路向西，到了藏北。山势更高，气候亦更恶劣，藏族人的生活环境更艰苦。习惯上人们称这片高地为“羌塘”高原。羌塘自古以来便是纯粹的牧区，祖祖辈辈的羌塘人，一直操持着放牧牛羊的唯一营生。

原以为放羊很简单，在内地曾听过一句口头语：“放羊三年，给个县长也不换。”这自在的营生，谁不会？把羊赶上山，任其吃草，吃饱了，太阳下山时赶回家就是了。当我访问雪域牧羊人，接过他的绳鞭，要试试这轻松的活计时，才知道其中颇有学问。

羊怎么赶也不走，见草就吃，见水就停，一团团挤在一起，任我喊哑嗓子，跑得满头大汗，仍乱成一窝蜂。可是牧人甩动绳鞭，一声呼哨，羊儿就排好“队伍”，按预定目标向山上走去。原来羊群也有领队，它怎么走，羊群就怎么跟，有条不紊，波浪般地缓缓流过山坡。牧人还告诉我，别看山大，羊儿也有路线。俗话说：羊有羊路，牛有牛山。如果走的路线不对，羊就掉膘。还有生产中总结出来的口诀，诸如“冬赶一横线，夏放一大片”。因为藏北

■藏北牧女

■藏北草原

常年风雪，天气寒冷，草长得稀薄，如果羊散不开，前面的吃得上草，后面的便吃不上了，这就会肥了几只，瘦了一群。

一个好牧人，是半个气象员。藏北天气，说变就变，看着蓝天如洗，可牧人却急忙把羊往山背风处赶；我正莫名其妙，倏地乌云四合，狂风像从地缝里钻出来，顿

时刮得天昏地暗，沙子打得脸生疼。这时我才佩服牧人观天测云的本事，如不事先提防，大风里，不知走失多少、摔坏多少牛羊呢！

傍晚，牧人把羊群赶回帐房前的空地，近千只羊几分钟就数完了。他大字不识，却有如此绝技。牧人围着羊群，用木橛打一圈牛毛绳子。不一会儿，牛群回来，再沿绳子四周拴上牛，就算圈好了。原来这一带狼多，尤其是风雪天，狼总是跟着羊转。趁夜深牧人睡熟，就来偷羊，而牦牛却是保卫羊群的最好卫士，如有狼来袭，便会愤愤地做出迎击姿态。狼如果还不走，牦牛便大叫一声，挣断鼻绳，压低犄角，直向狼冲去。不论狼逃到哪里，牦牛都紧追不舍。逢山过山，遇水跳水，直到把狼累倒，跳下山崖才算罢休。一战下来，又累又气，肚子鼓胀地卧倒在山坡上。牧人闻声赶来，得赶紧给它揉肚子，搓散淤气。经过一番照料，第二天牦牛缓过劲来，又照样吃草、驮物，奔跑在草原上。牦牛被誉为“高原之舟”，壮实的犄角，披拂的长毛，如同狮子一样威风。它最能负重登高，冰山、雪岭、河谷无地不到，没有路的地方，都由它来去自如。从原始社会到现在，在雪山里立下不朽功勋。为人类服务称得上完全彻底，皮肉骨毛全都造福于人，连牛角、牛粪都没有一样剩得下。人说有了牦牛高原才算是活了起来，并非过分。

牧区的女人担负放羊、挤奶、烧茶、摊牛粪等劳作。一些小说、诗词和歌舞，往往把藏女挤奶展现得极富诗意，其实不然。即使藏北夏天的早晨，气温也在零摄氏度以下，冬天冷至零下四十摄氏度，挤奶的手容易冻僵，甚至皲裂；看着挤奶轻松，其实是重体力劳动。蹲在地上，把几十头奶牛挤完，早已累得腿麻腰酸。遇上下雨时，浑身湿透；下雪天，又成了雪人。虽然好客的主人为我们垫上皮褥子，盖着大皮袄，但在子夜的寒气里仍是手脚冰凉，难以入睡。可睡在土炉一边的牧人夫妇，早已发出细微的鼾声。早上起来，听见“皮被”咔嚓发响，一看，被头上竟结了一层明亮的薄冰，原来是哈气凝成的。只是一个夜晚，便深切地体会到牧人的生活是何等艰辛！而他们却习以

■正在挤奶的藏北牧女

为常。第二天，见到主人仍然毫不在意地甩着鞭绳，赶着近千只的羊儿、上百头的牦牛，踏着深雪，又放牧去了。不一会儿，便从对面山上传来牧人嘹亮激昂的歌声。

夏季放牧，在四五千米的高山，只有秋冬才赶着牛羊回到平缓的山谷里。这里安置着牧民的“大本营”。冬季风雪严寒，气压又低还缺氧，几乎在半窒息中劳动。但对于剽悍、适应力极强的羌塘人，这些都能克服得了，最难熬的是孤独、寂寞的高山放牧。十里、百里的深山，只有自己一个人，像在真空里过日子，几个月里与牛羊为伴，与风雪为友，憋得受不了，便对着空山唱歌、呼喊。时光好像冰河一样流不动。这时候,就是看见一只狼、一只旱獭，也兴奋得眼睛发亮。要是偶尔飞来一只小鸟，在门前跳跃，在帐篷上啁啾，对于牧人来说，那就像见到了妻子儿女一样亲切！好容易熬过夏季，放肥了牛羊，熬瘦了自己，才回到秋冬的牧场和家人团聚。

那曲拾遗

为了访问羌塘牧人，我们在雪山上待了几天。虽然也感受到了自然的暴虐，但毕竟只是有限的时间。而藏北的牧人却要死守着这里的雪山草地，还有那永远驱不散的孤独，继续生活下去……

从荒僻的羌塘草原猛然进入那曲的街市，觉得十分新鲜。那些两层楼房，还有小饭馆，都相当吸引人。整个小城充满了温馨。再看见卖羊毛、卖食品的藏族人，

■那曲是青藏铁路经过的一站

倍感亲切。此时才体会到藏北重镇那曲的繁华热闹。但如果直接从西安或西宁来到这里，那感觉会又是别样，肯定觉得它小、它土、它简朴得不如闹市的一条小街。

那曲镇位于怒江上游的北岸，夹在唐古拉山和念青唐古拉山之间，是西藏那曲地区政府及那曲县城所在地。早在新石器时代，就有原始人在这里生息。在古代被雪山封锁的西藏高原，曾以此地作为和内地联系、交往的通途。在唐代，这里是吐蕃的属国——阚国的政治中心，

■青藏铁路

1
2

■ 1. 挖虫草的牧女
■ 2. 草原上彪悍的骑手

国王衙帐就设在今天的那曲城里。附近还设有阁川驿，是唐蕃使臣往返下榻的地方。那曲，藏语意为"黑河"或"黑水"。城中的孝登寺是藏北地区最大的寺庙。那曲又是青藏与川藏公路的交汇点，文成公主也在此停驻过，据说松赞干布娶文成公主到达这个藏北重镇，当地群众为欢迎文成公主，举行盛大的赛马、赛牦牛会。松赞干布也兴致勃勃地催马上阵和骑手们一同竞技，他虽然善骑、善射、勇武异常，可只跑了第13名。文成公主为了表彰丈夫的热情和对自己的爱心，把松赞干布也列入优胜者行列，共录取13人，并亲自颁发奖品。从此青藏地区年年举行赛马庆典，而且一般都录取13名优胜者。

赛牦牛更让公主高兴，简直开了眼界，骑士们把牦牛装扮一新，牛额前吊着红花，犄角上系着红绸，连牛尾巴上也绑着五色彩带，并齐声向公主欢呼致敬。当比赛炮声一响，群牛可不像赛马那样服从骑士驾驭，一个劲地朝目标前冲，而是洋相百出。一片混乱地乱挤、乱蹦、乱跳，有的左蹿右颠，有的往回跑，有的往人群里冲，吓得人们炸锅般地乱躲。连骑术高超的牧人鞭打脚踢，也无法控制其犟脾气，弄得鞍垫散乱，摔得人仰牛翻。松赞干布和臣民们笑得前仰后合，公主也笑出了眼泪，这是她从长安出发以来最为开心的日子，公主身边的宫女们也笑得直不起腰，直喊肚子疼……俗话说："赛马看技巧，赛牛看笑料。"也看到了藏族人民风趣幽默的性格。藏北草原上那一场倾心纵情大笑，一直滚过了1000多年，传到今天——年年都激起一阵阵赛牦牛的笑声。

青藏公路暨亲缘道班

从那曲往南，我们踏上青藏公路去拉萨的行程，这是一条世界上海拔最高的公路，人称"天路"。从青海西宁市开始，穿过西石峡，爬上日月山，绕过青海湖，穿越柴达木盆地，经格尔木，翻过昆仑山和唐古拉山，至那曲、过羊八井到拉萨。全长1937公里，是一条符合标准的国道，路面宽阔，四季畅通，这条横贯世界屋脊的大动脉，汽车日行量在3000辆以上，西藏的物资85%从这条路运输。

青藏公路是一条奇迹之路。1950年动工，1954年通车，全长1937公里，1200多名战士和几千民工，牵着6000峰骆驼，穿越巍巍昆仑、风雪唐古拉，征服可可西里，战胜冻土、沼泽和湍急的江河，用简陋的工具镐、锹、铁铲，打通了世界"第三极"上的风雪线。创造了世界公路史上高海拔地区的筑路奇迹。

■当年修建青藏公路时的场景

青藏公路是一条血汗路。有上千人为它付出了生命。初修期间，上千民工露宿雪岭荒滩，吃的是咸菜冻馍，十天半月地断粮，喝驼料糊糊，吃野草、野马肉坚持施工；6000峰骆驼死亡过半，驼工、民工死伤惨重。据中国人民解放军某部队的格尔木烈士陵园碑文记载，截至1998年，就有680名官兵为青藏公路而殒命。1982～1984年交通厅改建温泉至安多短短一段距离，死亡人数竟达17人。

路修好了，运输司机辛苦地奔忙着，然而最苦的莫过于养路工、守桥人。沿途分布着上百个道班。其中有

■青藏公路

■青藏公路建成通车五十周年纪念碑

不少夫妻道班、父子道班、姊妹道班，在海拔四五千米的半窒息状态中，在没有夏季只有寒冬的日子里护路、抢险、抗灾。在这荒无人烟的漫漫长路上，也只有亲缘关系，才能把人们牢固地稳定在工作责任区域内。据统计，这些工作在高原上的无名英雄们，他们的平均寿命才50多岁！

一路上，往往看见年轻的父母在垫路、铺石子、浇柏油，而幼小的孩子则坐在路边的背篓里。有的从十七八岁开始就做养路工，把一生都奉献在公路上。等儿女长大了，他们又接过父母的镐锹、刮板，继续着前辈的职业。高原上强烈的紫外线烤得他们个个面容黝黑，四季风霜刻出满脸的皱纹。

如果有汽车抛锚，不论深夜还是风雪寒天，他们准闻讯赶去，给司机送饭送水，帮着拖车；如果有旅客患了疾病，他们便送药、送氧气、做饭，并且千方百计把病人护送往低海拔的城镇医院抢救……

第九章 文成公主的安身地

陛下平定四方。日月所照，并臣治之。高丽恃远，弗率于礼。天子自将度辽，隳城陷阵，指日凯旋，虽雁飞于天，无是之速。夫鹅犹雁也，臣谨治黄金为鹅以献。

■羊八井地热蒸汽与雪山相映成趣

羊八井热气田

沿青藏公路向西南行，出藏北高原，到达半农半牧的羊八井区。汽车向西拐入一个山坳后行驶不久，一派神奇的自然景观便扑入眼帘：白雪皑皑的念青唐古拉山下，绿茵茵的草坡前，有许多白色的气柱升腾，像一朵朵蘑菇云飘上蓝天；水气弥漫，好似千百条哈达横系山间；在阳光下，还变幻出奇美的景象，是由千百眼“咕嘟”直冒热水的泉形成的。这就是中国有名的羊八井热气田。它的面积有100多平方公里。泉水露头温度从五六十度到九十多度不等，而深处的温度比沸水还高十来度哩。

把鸡蛋放入温泉中，五分钟就可以煮熟了。而温泉附近凝结的“泉花”则千姿百态。

除了热田外，还有只冒蒸汽不出水的气田。喷射的热气把岩石烧得灼烫，我坐在石头上，不一会儿，就烫得跳起来。真是名副其实的“热土”！据说这气田的地下热度竟达三四百摄氏度呢！

听热田开发站的人介绍，1977 年这里曾发生过“水热爆炸”。一声巨响，黑烟裹着水柱从地下冲天而起，泥土、石块升上百米高空。爆炸后地面产生了一个大热水塘。

■羊八井热气田

同年10月，在羊八井建成高原第一座湿蒸汽地热电站，首创了西北利用"第四能源"之先河。当夜幕降临，念青唐古拉山下又添了条条灿烂的银河，把千百年来藏族人神话中描述的"神灯"变成了现实！

离开羊八井南80多公里，进入拉萨河谷地。拉萨河两岸田亩交错、绿荫盈野，谁能相信这是海拔五六千米的西藏高原呢。据说文成公主进藏后，得知藏族人缺粮，有的还吃萝卜和草籽，就让随行的务农高手拿出五谷的种子，教藏族人种植庄稼。玉米、土豆、蚕豆、油菜很适应高原气候，生长良好。而小麦却不大适应，便不断

■拉萨河谷地

■拉萨河谷地

变种，最后长成了今天藏族人喜爱的青稞。文成公主带来的五谷种子，生长在高原上，丰富了藏族人的食物。

拉萨掠影

我们漫步在拉萨老城街头，感到浓郁的宗教色彩。特别是来到环绕大昭寺的八廓街旧市中心，真有置身佛国之感。两旁矗立着石块修成的藏式房屋，马车叮当缓行在碎石路上，仿佛把人们带回了中世纪。善男信女围着大昭寺转经、磕头，看香烟缭绕，听法器声声，更增加了肃穆、古朴的气氛。拉萨不愧为藏族人民心目中的“圣地”。

新城以文化宫为中心，几条宽阔的大街向市西北方扩展，比之老城又是另一种风貌。邮电大楼、拉萨饭店、

■八廓街夜景

电视教学大楼、新闻大楼拔地凌空，使“日光城”更加明亮壮丽。百货大楼、综合贸易商场内琳琅满目，全国各地的商品都在这里摆卖。再看看体育馆、少年活动中心、卡拉 OK 歌舞厅……那些建筑的现代味十足。

随着人流登上布达拉山，拉萨市景便尽收眼底。顶着白雪帽子的群山环抱着古城，波光粼粼的拉萨河从市南流过，拉萨大桥似一条彩带将新城和老城连在一起。长达十几公里的滨河路，绿树成荫，像一条翡翠项链使拉萨市更显妩媚。据说文成公主初到拉萨，登山观看拉萨地形时，在她眼中竟出现了仰卧大地的罗刹女。她认

■八廓街印象

为布达拉山和药王山是罗刹女的乳房，必须镇压，以灭妖气。于是便向松赞干布建议，在布达拉山扩建宫室，在药王山上筑碉堡。今天看来，文成公主不单懂得阴阳五行，也通晓军事。这些宫殿、碉堡，既壮山原之威，又起到隘要御敌作用。之后城市就围绕着布达拉宫发展起来，形成今天的规模。

布达拉宫览胜

布达拉为梵语译音，意为“慈航解脱苦海之舟”。布达拉宫以布拉山南麓奠基，依山势修到山顶，主楼13层，高110多米，东西长近500米，南北宽100米，气势磅礴，壮丽辉煌。初建于松赞干布时期，后毁于雷电、兵燹。公元1645年，五世达赖喇嘛阿旺罗桑嘉措决定重建布达拉宫，并亲自写诗赞美，大意是：美丽得像三十三天界的帝释宫，可与鬼神之王的城堡比庄严，宫顶金色的光

■夕阳下的布达拉宫

辉胜过太阳，日神只好趁夜色逃向北方……

从山脚沿花岗岩铺设的石阶登到了宫门前，见门闩竟是用整棵的树干做成。进了门，过廊道登上了专供达赖跳神娱乐的“德兴阳”平台。在过去只准四品以上的僧俗官员到这里活动。

自平台再扶梯而上，是“达松格廊”。廊壁上有一只手印，是五世达赖建宫留下的掌记。而在另一面墙上画满了历史题材的壁画，有长安示意图、李世民六难吐蕃

■布达拉宫壁画

婚使禄东赞的故事、文成公主进藏一路遇到的艰难险阻，以及到达拉萨时受到热烈欢迎的场面等。不仅极有历史价值，而且构图精巧，技法高超。

过“廊道”，进入吐蕃王宫遗址，后面便是松赞干布修身静坐之室。宫殿如岩洞，光线幽冥，四壁陈列松赞干布、文成公主、尺尊公主以及禄东赞、吞米桑布扎的彩色塑像。

出岩室扶梯上至红宫，内建达赖灵塔及经堂。八座灵塔式样一致，大小不一，其中以五世、十三世达赖塔为最大。五世达赖灵塔建于1690年，塔包金皮，用黄金近600斤，外镶珍宝，塔身四周雕各种花纹、图案，辉煌眩目,有“世界第一饰”的美称。塔前摆了一座珍珠塔，用 20 多万颗宝珠串成，真是惊人的稀世之宝。

从红宫穿小门进入“西司平措”，殿内悬挂清乾隆皇帝御赐匾额，上书“涌莲初池”。四壁绘西藏壁画，其中一幅锦缎缦绣，是五世达赖到北京觐见清朝顺治皇帝的场面。

看过白宫达赖居室及摄政王、经师寝室和噶厦政府办公用房，我们登上了白宫最高处，采光极好的日光殿（拉萨称日光城，年日照达 306 天）。这便是达赖的寝宫，陈设装修极其华丽，程度不亚于中原的帝王宫阙。想当时西藏人口不足百万，要支付如此巨大的花销，负担之沉重，由此可见。

为修建红宫，每天支差的达 7000 人以上。拉萨河南岸的采石场，当时为了采石料竟把山坡凿出一道深沟，将山分成了两半；筑殿取土竟挖成了一个深潭。现在它成了人工湖，供拉萨人夏季划船，冬季滑冰。

大昭寺昭示良多

西距布达拉宫一公里原名卧塘的地方，本是芳草萋萋、野羊出没的沼泽地。文成公主运用阴阳五行推算出卧塘湖为魔女心脏，只有填湖建寺才能驱魔。于是松赞干布下令填湖造庙。藏族人赶着无数白山羊驮土填湖。为纪念白山羊的功劳，寺名便取为“惹萨”（白羊驮土之意）。大昭的名字据说与 15 世纪的“传昭大法会”有关，所以以后又演化成了“大昭寺”。

■长庆会盟碑

寺门外曾有文成公主与松赞干布亲手栽的唐柳，可惜在“文革”时期被挖掉了；如今只见一棵嫩柳代替其位置。

树旁有三块石碑，最引人注目的是“甥舅同盟碑”，又称“长庆会盟碑”，乃唐长庆年间所立，用汉藏两种文字镌刻，记录着唐穆宗与西藏赞普可黎可足的事迹。另一块“劝人种痘碑”立于清乾隆二十九年（1764 年）；当时拉萨天花流行，婴儿大量死亡，驻藏大臣阿敏尔图推行种牛痘，防止天花蔓延，立碑记其事。

围墙内外，不少藏族人在磕长头，他们全身触地，额头在地上叩得“嘣嘣”直响，虔诚地向赞普和公主表示敬仰。

进入文成公主亲自设计、构图的寺内，立即被主殿所吸引。它不像布达拉宫城堡式的建筑，而是平面布局，很像内地的古刹。结

■大昭寺前虔诚的朝拜者

构上采用梁架、斗拱以及人字大梁等，运用的都是唐代建筑手法。殿门、边框、廊柱、枋间、梁架装饰有飞天、人物、禽兽、草叶等浮雕和彩绘。刻工精湛，刀法苍劲，风格粗犷又细腻，活泼又浑厚。内廊重檐上有成排的木雕伏兽和狮身人面像 108 尊，可是每一个的鼻子都是扁平的，谐谑之态，令人不禁捧腹。传说，松赞干布用分身法把自己变成 108 个人在房殿上干活。尺尊公主闻讯来看，惊呼赞普（国王）。藏王一愣，收法术时不小心，斧头失手下落，竟将狮身人面像的鼻子削去一块。

其实这种类型的形象，起源于埃及金字塔前的石雕。之后传入波斯等阿拉伯国家，随着丝绸之路流入汉唐，文成公主又带入拉萨。东西艺术早有交流，这也不失为一证。

大殿正中，供奉着一尊释迦牟尼镀金雕像。佛圣面带微笑，丰满圆润，眉毛细弯，衣帽华丽，是地道的唐佛造型。即为文成公主从长安所请，以后由金城公主自布达拉宫移入该寺。佛龛两侧，屹立着四尊力士塑像，姿态各异，神情生动，是纪念运佛人的功劳而塑造的。

大殿两侧配殿内，有松赞干布、文成公主、尺尊公主塑像，十分精美、生动，与在布达拉宫所见别无二致。只是这些镀金面相（包括禄东赞、吞米桑布扎、金城公主、赤松德赞）上，竟然都绽开金皮和疙瘩。一打听，并非塑像粗糙，而是布施、献金人太多，都把自己捐赠的黄金塑到头面上。由于不断地镀金，便造成了这些堆砌流金的瑕疵。

■大昭寺金顶

罗布林卡，游兴与缅怀

从大昭寺向西走两公里,便是罗布林卡,藏语意为“珍宝园”。据史册记载，这一带原是灌木丛林，自五世达赖起辟为夏宫，现在成了人民公园，面积有36万平方米，分中、东、西三区。中区为达赖喇嘛的宫殿,东西区为林园。整个“林卡”浓荫密布，种植着松、柏、白杨等50余种乔木，60多种牡丹、芍药等花卉，不但景色秀美，而且很是幽静。

每逢藏历的七月一日，藏族人民在这里欢度“雪顿节”，由全藏著名的戏班子演出献艺，热闹非凡。春夏秋三季，喜好逛林卡（郊宴）的拉萨人，也爱进罗布林卡

■罗布林卡

玩乐。他们举家老小，甚至邀约亲友，在挺拔的白杨树下和婆娑的古柳边，在绿茵如毡的草地上，搭起帐篷或拉开帐幔，摆上青稞酒、酸奶子、奶酪、酥油茶、卡赛（油炸食果）以及点心、饮料，席地而坐，边吃边喝，好不惬意。兴致一来，大家又唱又跳，手舞足蹈，歌声、琴声回荡在罗布林卡。直到太阳偏西，才尽兴而归。

中区宫内，也有很多反映藏汉关系的壁画、唐卡。其中最吸引我们的诸如以文成公主入藏建筑大昭寺、文成公主迎释迦佛像、布达拉宫壁画、赤松德赞认母等为内容的历史壁画。工艺、技法高超，人物造型生动，色彩鲜艳，有唐画风格。“文成公主入藏”把公主经历集中于一壁，连环画式地反映了文成公主路过的地方，令人一目了然，有集千山万水于一图之大气势；“修建大昭寺”以汉藏人民共抬木料的典型情节为中心，体现出汉藏人民齐心协力为公主建庙的热情和干劲。这样以劳动场面为题材的壁画，在其他地方极为少见，它不仅是团结的颂歌，也是劳动的赞誉。特别是赤松德赞认母，震撼心灵，催人泪下。据五世达赖所著《西藏王臣记》记载，赤松德赞是藏王尺带珠丹与金城公主所生。那时，藏族妃子纳囊也声称自己有孕。待金城公主生下王子后，便被纳囊夺去，充作她自己所生。这件事曾使藏王与诸大臣迷惑不解，但并没有立即断决此案。在庆贺小王子“走步”的喜宴上，藏王把金杯交给王子说：“我儿把酒敬给阿舅，决定谁是你的母亲。”小王子把金杯递到中原来的亲戚手中说：“我是中原唐皇之甥，不拜纳朗妃族人。”金城公主大喜，一段剥离母子情的冤案，终于得以澄清！

文成公主入藏 9 年,松赞干布去世(享年 34 岁)。那时她才 25 岁，按唐朝规矩，可以回长安，但她依旧生活在吐蕃直至公元 680 年逝

■罗布林卡

世，在吐蕃生活了近40年，可见她和西藏土地、人民感情之深。文成公主也葬于琼结，和丈夫松赞干布灵归一处，长眠在西藏南部的小山上，吐蕃王朝的兴盛、强大有她的一份功劳。她的入藏以及与唐蕃交往，给吐蕃社会、经济、文化等带来了划时代的巨变。

唐高宗与武则天的曾孙女金城公主步文成公主后尘，于公元710年远嫁西藏，她精明能干且贤良和善，默默地为文成公主建庙，传扬德泽，给我们留下文成公主庙和今天大昭寺的盛况。金城公主的功劳不亚于她的姑祖文成公主,又为西藏生了一代英王。在赤松德赞执政期间，吐蕃与唐朝的甥舅关系，为以后的“长庆会盟”奠定了坚实的基础！会盟之后的唐蕃古道，在相当长的一段年月里畅通无阻，一直延续到两个王朝相继灭亡之后。

两位公主的历史功绩永远闪亮在雪域上空。给后世留下太多的怀念、思考、赞誉和效法。